中华民族伟大的民族凝聚力和坚韧不拔的精神是在中国漫长的历史长河中不断地沉淀积聚而成的，所以她也必然会在将来的社会中不断发展和不断发挥着自己的作用，成为一个民族不断发展和进步的动力。这一套《感动一个国家的人物》系列丛书对于青少年的教育意义，就在于能够使我们在新的一代人中传承这种不懈的精神。

中央文献研究室 研究员 陈晋

《感动一个国家的人物》系列丛书会让更多的人去关注日益远离我们的最可爱的人，他们有的是为了民族独立和人民解放英勇牺牲，值得历史永远铭记的革命先烈；有的是为了党和人民的事业不懈奋斗的基层优秀共产党员、战斗英雄和革命群众的杰出代表；有的是坚决拥护和支持革命事业，积极从事进步活动的著名爱国民主人士和国际友人等等。让我们永远铭记这些为了今天美好生活而无私付出，甚至奉献生命的感动中国的先进人物。

中央电视台 高级编辑 陈汉元

项目名称：《感动一个国家的人物》（2010 年项目）
申报亮点：对青少年进行社会主义核心价值体系教育
承担单位：黑龙江少年儿童出版社有限公司
主要内容：项目展示新中国成立以来，在全国各行各业涌现出的英雄人物和先进人物的事迹。
专家评价：该项目思想性强，系统整理感动国家的人物，并根据青少年的思想、语言和个性特征进行创作，体现了较强的科学性和创新性，也具有鲜明的文化传承价值，作者队伍素质较高。

摘自中国新闻出版报《解读 2012 年度基金申报七大方向》
国家出版基金规划管理办公室

感动

G—A—N

动

D—O—N—G

第一辑 2

一个国家的人物

YIGE GUOJIA DE RENWU

新华社电视节目中心　编著

黑龙江出版集团

黑龙江少年儿童出版社

图书在版编目（CIP）数据

感动一个国家的人物. 第1辑. 2 / 新华社电视节目
中心编著. -- 哈尔滨 ：黑龙江少年儿童出版社，2011.5（2020.10重印）
ISBN 978-7-5319-2946-8

Ⅰ. ①感… Ⅱ. ①新… Ⅲ. ①人物－生平事迹－中国
－现代 Ⅳ. ①K820.7

中国版本图书馆CIP数据核字(2011)第088460号

感动一个国家的人物　第 1 辑 **2**

新华社电视节目中心　编著

总 策 划：赵　力　张立新
统筹策划：祝世安
责任编辑：余志方　夏文竹
特邀编辑：王念红
封面题字：李士学
封面设计：袁　洁
设计制作：袁　洁
责任印制：李　妍
责任发行：王小宇
营销推广：北京云居天地文化发展有限公司
网络出版支持单位：东北网络台（www.dbw.cn）
出版发行：黑龙江少年儿童出版社（哈尔滨市南岗区宣庆小区 8 号楼 150090 ）
印　　刷：北京一鑫印务有限责任公司
开　　本：787 mm×1092 mm 1/16
印　　张：9.75
版　　次：2011 年 5 月第 1 版　2020 年 10 月第 3 次印刷
书　　号：ISBN 978-7-5319-2946-8
定　　价：39.80 元

时代旋律　人民感动

贾志刚

　　这些年，我们的心灵、我们的情感，会因为中央电视台"感动中国"年度人物评选活动的开展而荡漾起阵阵感动的涟漪。这涟漪涌自心底，是美丽而温暖的，甚至可以说是难能可贵、鼓舞人心的。因为在中国国民经济迅猛发展的进程中，行色匆匆的我们仍能发现身边存在那么多令人感动的人和事，我们灵魂深处还柔软得能够因此而感动，并且，在宣泄着感动的同时，我们的心灵得到了净化和滋养，我们的精神境界得到了升华，我们的思想充满了力量。

　　我们需要这样的感动，需要更多这样的感动引领我们不断向前。多年以来，在全国广泛开展的"100位为新中国成立做出突出贡献的英雄模范人物和100位新中国成立以来感动中国人物"评选活动，以及"全国道德模范"评选活动、"中国网事"年度网络人物评选活动等，都与"感动中国"年度人物评选活动具有同样的精神内涵，让我们在持续不断的感动之中学习英雄模范的先进事迹，弘扬英雄模范的崇高精神，在全社会唱响共产党好、社会主义好、改革开放好、伟大祖国好、各族人民好的时代主旋律。

　　在这滚滚而来的感动热潮中，黑龙江出版集团·黑龙江少年儿童出版社隆重推出的《感动一个国家的人物》系列丛书宛如一束雪浪花，透着清澈，折射着太阳的光芒，呈献在广大读者面前。她是新华社电视节目中心根据"感动中国""双百人物""全国道德模范"等评选活动评选出的数百位具有代表性的英雄模范人物的事迹创作的大型纪实文学，其中的每一段文字都真实记录了英雄模范的感人故事，每一幅珍贵的图片都折射出英雄模范感动一个国家的灵魂之美。这是一幅颂扬英雄模范人物的文学艺术长卷，相信她一定会感动广大读者。

读《感动一个国家的人物》，面对真实感人的英雄模范人物群像，起初，我曾怀疑，李大钊、雷锋、钱学森、孔繁森、邰丽华……这些早已为读者熟知的革命先驱、人民公仆、行业精英、睿智学者、普通百姓的名字，以及他们爱国敬业、坚强勇敢、诚信奉献、孝悌善举等真实故事，还能掀起人们情感的波澜吗？然而，随着深入阅读，我发觉我的怀疑是多余的。作为一部描写英雄模范人物的纪实类作品，作者没有把人物塑造得"高不可攀"，而是围绕"感动"，将笔触直抵主人公的内心深处，挖掘那些能够引起读者共鸣的生活细节，以缩短英雄模范人物与读者的心灵距离。就拿党的好干部孔繁森来说吧，作品写到他赴藏前长跪在母亲的面前，为不能在老母亲膝前尽孝而失声痛哭的情景着实令我为之动容，而当读到孔繁森把藏族老人冻僵的双脚放到自己怀中温暖时，我更是忍不住潸然泪下。孔繁森的小家之爱无条件地服从了大家之爱，大爱无疆，这就是一个共产党员崇高的精神境界。高耀洁，一位年过古稀的老人，本该颐养天年，但她却怀着医者的仁爱之心，倾尽所有自费印刷预防艾滋病宣传资料数万份，而每月200元菜钱成了她和老伴最大的生活开支。整个作品中她没有半句豪言壮语，朴实得就像邻家慈祥的老奶奶。同时我通过故事中穿插的图片，进一步读懂了她的慈和善，读懂了她的执著和坚守。有一幅图片抓拍老人胸佩红丝带签名赠书的情景，看到老人真诚恳切的样子，叫我无法不对她肃然起敬！

读《感动一个国家的人物》，面对真实感人的英雄模范人物群像，感动之余，收获的感悟很多。书中汇集的"感动中国"的人和事，是对中华民族精神和传统美德最深切的召唤。对于我和许多成年人来说，仰视这些英雄模范的同时，会不由得低下头来拷问自己的良心，我们不得不承认，他们所做的许多令人感动的事情，其实有些我们也能够去做，但更多时候，我们已经习惯寻找种种理由为自己的不作为开脱。从阅读此书开始，我们应当认真地重新审视自我，想想应当如何重塑自己的形象。同时，我还想到，《感动一个国家的人物》系列丛书可作为非常生动的思想教育教材，这对于加强党员干部、解放军官兵、青少年社会主义核心价值体系的建设，树立正确的人生观、价值观会有很大的帮助。现阶段的思想教育要避免流于空洞的说教，而真实感人的故事，是最能打动人心的。希望广大读者，特别是青少年朋友都来踊跃阅读《感动一个国家的人物》这样的好书吧，通过阅读，让自己一下子拥有许许多多高尚的朋友，从而找到自己的人生坐标。我深信不疑，在社会与经济快速发展的今天，榜样的力量仍然是无穷的。

读《感动一个国家的人物》系列丛书，面对真实感人的英雄模范人物群像，伴随着感动与感悟，我的内心升腾起浓浓的感恩之情。应当感恩我们的国家培养造就了如此众多的英雄模范，不断引领亿万中华儿女见贤思齐，从而使我们伟大的共和国骄傲地屹立于世界强国之林。感谢新闻出版总署将《感动一个国家的人物》列入国家出版基金项目，它传递出这样的理念，对于为新中国的成立和繁荣富强、和谐美好作出突出贡献的英雄模范人物，人民永远不会忘记他们，共和国永远不会忘记他们，他们是我们民族的精神脊梁。

是为序。

2011 年春

（贾宏图　黑龙江省新闻工作者协会主席，黑龙江省作家协会名誉主席，黑龙江省政府文史研究馆馆员。）

目录

甘心当一辈子无名英雄，还要吃苦担风险。但是，我们的工作，能振我国威，振我军威！我们为这个事业献身是值得的！

——邓稼先

有方向的人生
——邓稼先

当杨振宁在上海的告别晚宴上收到邓稼先的亲笔信，看到"无论是原子弹，还是氢弹，都是中国人自己研制的"字样时，他当即离开席位躲到一旁，任泪水长流。

1

国家要放一个"大炮仗"

■ 邓稼先和夫人许鹿希。

稍显冷落的房间里，许鹿希老人正静静地坐在桌前翻看家里的老相册。虽然丈夫已经去世二十几年了，但是家里依旧保持着邓稼先生前时的样子，这一切都让许鹿希对丈夫的回忆变得越来越清晰。

许鹿希老人回忆道："那是1958年8月份的一天晚上，他回来得比较晚。他对我说，他要调动工作了。我问他调哪儿去，他说不能说，做什么工作也不能说。我就说，那你给我一个信箱地址。他说，这也不行。听他这么说，我意识到他要做的工作是相当保密的。"

就是在这一天上午，当时二机部副部长钱三强找到了中科院近代物理研究所副研究员邓稼先。钱三强对邓稼先说："国家要放一个'大炮仗'，想请你参加，你看怎么样？"

许鹿希老人说："他当时非常严肃地对我说，如果能做好这件事情，他这一生就过得太有价值了，为这件事情就是死了也值得。"

邓稼先非常痛心于抗日战争时期中国人民所遭受的苦难，因此当他得知能运用自己的知识和智慧为国家贡献出一份力量时，他感到无上光荣。许鹿希深深理解丈夫义无反顾的心情。当丈夫抱歉地对她说："从今以后家里的事情我管不了了，只能都交给你了。"许鹿希点点头，只说了一句话："我支持你。"

从这一天起，邓稼先的身影就从众多好友的视野里淡出了，邓稼先的名字也从所有的学术刊物上消失了。结婚5年的一对夫妇，开始了他们聚少离多的人生。他的夫人许鹿希后来大致算了算，虽然她与邓稼先结婚有33年，但两人实际在一起的时间也只有6年而已。

第一颗原子弹试验成功

邓稼先就此担任了中国原子弹研制工作的理论设计负责人，当时的科研条件和生活条件都极其艰苦。

许鹿希回忆说："那个时候苏联专家不想告诉我们怎么搞原子弹，他们要我们的学生去念大学的有关原子核物理的书，那些苏联专家甚至开了一卡车的书单。邓稼先曾经跟我说，真要把那些书全念完的话，头发念白了原子弹都造不出来。"

而就是在这样艰苦的条件下，研究工作开展没多久，中苏关系就破裂了，苏联突然撤走了全部专家。

没有了苏联的帮助，科技攻关的难度变得更大了。但是为了突破美苏大国的核威胁，邓稼先带领一群年轻的科技工作者自己动手，从头做起。

许鹿希回忆说："现在很多人都不知道计算尺有什么用处了。可那个时候计算尺对于邓稼先他们却是非常宝贵的，大量的计算工作都需要通过计算尺来完成，比方说研究

1964年10月16日，我国第一颗原子弹爆炸成功。

■ 1974 年，黄昆、邓稼先、黄宛、周光召、杨振宁（从左至右）游览北京颐和园时合影。

工作的哪一步要做到一个什么范围，邓稼先就先粗估一个数，然后在帐篷里拿尺子算。"

许鹿希回忆说："那时候他行踪不定，有时打电话说要回来，可是人刚到家，又一个电话打过来把他召走了。我根本不知道他什么时候会再出现在我面前。"

邓稼先选定中子物理、流体力学和高温高压下的物理性质三方面作为主攻方向，这是他对我国原子弹研究的最大贡献。他对原子弹的物理过程进行的大量模拟计算和分析，迈开了中国独立研究核武器的第一步。1964 年 10 月 16 日，中国第一颗原子弹终于试验成功。

许鹿希回忆说："原子弹试验成功，当时我并没有立刻想到这个事情与邓稼先有关系。那时候北京满街都是关于原子弹爆炸成功的'号外'，当时我们周围很多人都是制造原子弹的这群人的家属。出奇的是大家拿着'号外'，却没有一个人欢蹦乱跳，和大街上那些拿着'号外'又蹦又跳又舞的老百姓完全不同，并且我们所有人出奇地一致，我知道这是因为大家那颗悬着的心终于落下来了。"

这一天是应该被历史铭记的。不过邓稼先和他的工作团队并没有满足于已取得的成就，他们依然继续为中国核工业的进步而默默地工作着。1967年6月17日，中国第一颗氢弹在罗布泊上空爆响。从原子弹到氢弹，法国用了八年，美国用了七年，苏联用了四年，中国仅仅用了两年零八个月。

■ 邓稼先（左）和著名物理学家杨振宁合影。

杨振宁与邓稼先的会面

1971年，华裔诺贝尔物理学奖获得者杨振宁首次访华，他想见的第一个人就是邓稼先。他们是安徽同乡、中学好友，后来又成为西南联大的同学和美国留学时的室友。他想知道没了音讯这么久的邓稼先这些年到底在做些什么。

那个时候正是"文革"期间。在青海，邓稼先正在参加造反派举办的学习班，他们说邓稼先是反动学术权威。

周恩来总理知道这件事情后，用一封急电将邓稼先召回了北京，从而促成了两位科学巨匠的久别重逢。

会见结束后，在即将走上飞机舷梯的时候，杨振宁转过头来问邓稼先，是不是有美国科学家帮着中国研制了原子弹？由于正处于特殊历史时期，邓稼先并没有立刻回答他，只是说，你先上飞机，我回头再告诉你。邓稼先就这件事情请示了周恩来总理，总理让他如实告诉杨振宁真相。

当杨振宁在上海的告别晚宴上收到邓稼先的亲笔信，看到"无论是原子弹，还是氢弹，都是中国人自己研制的"字样时，他当即离开席位躲到一旁，任泪水长流。

杨振宁清晰地记得21年前他和邓稼先在美国分别的那一幕，当时的邓

稼先意气风发，在获得博士学位仅仅九天后，便毅然放弃了在美国优越的生活和工作条件，怀着满腔的报国热情登上了归国的邮轮，投向他当时一穷二白的祖国母亲的怀抱。

和平才是对这位"两弹"元勋最好的纪念

从 1958 年到 1986 年的 28 年间，邓稼先一共参加了 32 次核试验。其中他在罗布泊亲自指挥的核试验就有 15 次。上世纪 70 年代末，一次核试验出现了事故，核弹坠地时被摔裂。邓稼先虽然深知危险，却仍然一个人抢上前去抱起核弹碎片仔细检验。正是这次意外，在邓稼先体内埋下了癌症的祸根。

1986 年 6 月 24 日，一篇题为《"两弹"元勋——邓稼先》的通讯报道同时出现在各大报纸上，邓稼先的名字在各种刊物和对外联络中消失了 28 年后终于再次出现在了大众的视野当中，"两弹"背后的故事自此才得以完全解密。而也就在这篇通讯报道刊登出来的一个月后，1986 年 7 月 29 日，邓稼先在北京去世。

许鹿希说："《'两弹'元勋——邓稼先》的报道刊登后，同事还有亲戚开始不断地给我打电话，都问一个问题，说一辈子都这么隐姓埋名和保密，怎么突然一下子报上就把他的名字和他所做的事全都公布出来了，他们都问我，邓稼先还活着吗？"

邓稼先的事迹还被写进了中学课本，文中写道："邓稼先的一生是有方向、有意识地前进的……没有彷徨，没有矛盾。是的，如果邓稼先有机会再次选择他的人生的话，我相信他仍会走他已走过的道路。因为这是他的性格与品质。"

1996 年 7 月 29 日晚，中国在成功地进行了最后一次地下核试验之后，向全世界郑重宣告：中国将暂停核试验。这一天，正是邓稼先逝世 10 周年纪念日。

和平，才是对这位"两弹"元勋最好的纪念。

没有科学信仰的人是不幸的人。我的信仰就是马克思主义。

——方永刚

用生命谱写忠诚
——方永刚

　　有一位普通的军校教员，在他生病的时候，胡锦涛总书记曾先后两次来到医院看望他。总书记深情地对他说："广大的共产党员，全军的广大官兵，都要向你学习。"

　　这个军校普通教员名叫方永刚。

听我讲课不再需要预约了

从军队到地方，从城市到农村，从北国的漠河边防到南疆的海防哨卡，都留下过方永刚传播党的创新理论的坚定足迹。在十多年的教学生涯中，他年均完成教学任务200％，为官兵、干部、群众作报告1 000多场次，撰写《亚太战略格局与中国海军》等论文100多篇。然而，过度的劳累使他的身体严重透支。2006年10月，刚过不惑之年的方永刚被查出患上了不治之症——癌症。

大连210医院干部病房三科主任医师吴晓华回忆说："他是因为肚子痛，来到我们医院门诊部做肠镜检查，结果发现肿块有拳头那么大。"

学生们怕方永刚老师一下子接受不了这个事实，撒了个谎，说他得的是慢性结肠炎。方永刚如释重负一般地说："太好了！只要不是癌症我就放心了。平常你们请我讲课还得约时间，这次不用了，我的军装都带来了，你们要是有什么要求，需要哪一天讲课，就跟我说，我马上就能拿着衣服上讲台。"

■ 方永刚在读书。

8岁时的梦想

1963年，方永刚出生在辽宁省建平县萝卜沟一个贫困的小山村——水泉村。小时候，因为长得结实，家里人都叫他胖墩儿。一天村头放电影《平原作战》，影片里的一个人物让小胖墩儿格外关注。

方永刚的大哥方永明问他："我说，胖墩儿你过来，这个电影对你有吸引力，哪个人好呀？"

方永刚说："打鬼子的赵永刚名字好，他叫赵永刚，我就叫方永刚！"就这样，8岁的胖墩儿给自己取了个名字——方永刚。从那时起，长大从军的梦想就在他幼小的心灵里悄悄萌芽了……

■ 方永刚在病床上给他的学生辅导功课。

我生命的意义都在于此

1985年，方永刚以优异的成绩从复旦大学毕业，来到海军大连舰艇学院，成为一名军校政治理论教员。废寝忘食，努力工作，是他对党和国家最大的回报。

海军大连舰艇学院政治系研究生队政委陆惠烨与方永刚住在一个院儿，两家的阳台正对着，陆惠烨每天十一二点睡觉的时候，有意无意间向方永刚家望一眼，总能看到他家的灯依旧是亮着的……

在常人看来，政治理论是晦涩难懂的，而方永刚却把枯燥的理论讲得人人能懂，人人爱听。比如在讲"和谐社会"时，方永刚就做过这样一个通俗的解答："和"字是一个庄稼的"禾"加上一个"口"，是说人人有饭吃；"谐"字是一个"言"加上一个"皆"，就是人人有话可以说的意思。

这样的例子还有很多，方永刚正是用自己执著的追求，把政治理论深入浅出地传播出去。

为了把课讲好，除了点灯熬油地研究教案，方永刚还经常和大伙儿喝喝小酒，唠唠家常。但是，这让妻子回天燕起初难以接受。

回天燕说："那时候我不理解，尤其他回来晚了以后，我心里挺有怨言，往往因为这个，我们还会吵架。"

回天燕还说，现在想想，正是因为他和大伙儿走得近，才能接触到社会各个方面的人，了解他们常用的一些语言，知道他们常关心的事情，所以永刚才能把话讲到大家心坎里，受到大家的欢迎。

正如方永刚所说："伟大的理论需要忠诚的传播者，作为一名党的理论工作者，应该用心去搭建理论与实践间的桥梁、党与群众间的桥梁，这是我的使命所系和职责所在。正因如此，我一直把传播党的创新理论当成我生命中最重要的一部分，我生命的意义、生活的乐趣，都在于此。"

■ 方永刚一家。

生命的强者

住进医院的方永刚很快从医护人员的只言片语中察觉到自己得的并非

■ 大学时代的方永刚。

是一般的结肠炎，而是不治之症——结肠癌。但是，癌症并没有打倒方永刚。

大连210医院干部病房一科主任马萍说："他跟一般人不一样，非常坚强，也很乐观，那种坚强和乐观不是装出来的。"

方永刚在生病的时候，就和负责照顾他的护士丁佳开过一个玩笑。丁佳第一次见到方永刚的时候自我介绍说："方永刚首长您好，我是您的护士，我叫丁佳。"刚说完，方永刚就笑了，说："你不用管我叫首长，叫'脚掌'就行了。"

病房里经常听方永刚提起的不是自己的病情，而是他无时无刻不牵挂的学生们。刚做完手术麻药劲儿还没过，他就把他的学生都找来，给他们辅导论文。

方永刚的研究生肖晓平说："他不认为自己生病了，做了结肠癌手术，就是个弱者，就需要别人同情。我的导师从来都认为自己是个强者，他可以战胜任何困难。"

最后一课

一天，医生查房的时候，发现方永刚的病床上空空的，人不知哪里去了。医生杨兰焦急地询问护士和实习的医生，却没人知道他去哪儿了。第二天方

永刚回来的时候，杨兰问他去哪儿了，为什么没跟她请假。方永刚说："我这个学期，秋季还有两堂课没有上，我得回去，把课给学生上完。"

就这样，方永刚瞒着医生和家人，艰难地走上教学楼前的110级台阶，讲完了20年教学生涯的最后一课。

"我坚信，我所从事的是太阳底下最神圣的事业，我甘愿奉献自己全部的聪明才智，与广大政治理论工作者一道，让真理之光照亮千家万户。"正是这样的信念让方永刚从平凡升华为伟大。

2008年3月25日，方永刚的生命之钟停摆了，永远定格在了他一生钟爱的三尺讲台。

方永刚在生前的最后一次演讲中说道："我和春天有约，春暖花开的时候，我要走下病床，走出医院，沐浴在春光里；我和夏天有约，艳阳高照的时候，我要和全军战友一起，庆祝我军80岁的生日；我和秋天有约，枫叶红了的时候，我要和全国人民一道喜迎党的十七大胜利召开；我和冬天有约，白雪皑皑的时候，我要再次走上我钟爱的三尺讲台，永远保持一个思想理论战线战士的冲锋姿态，让生命为太阳底下最壮丽的事业而燃烧。这是我的生命之约，这是我的信念支撑。"

干一行、爱一行、学一行、钻一行，一个人仅有工作热情还不够，必须要有知识，做知识型员工是我的追求。

——孔祥瑞

蓝领专家
——孔祥瑞

　　面对新增加的工作量，已经满负荷工作的操作队，实在难以承担。这时候，孔祥瑞像着了魔，天天站在门机下面琢磨，希望这些他闭着眼睛都摸得清的"老伙伴"还有更大的潜力。那时候的孔祥瑞，压力很大，睡不着觉，白天晚上都在思考这个问题。

从哭鼻子的司机到门机大王

1972 年的天津港还只是渤海湾边上一个不大的码头。一个刚刚初中毕业的年轻人第一次来到这里，他站在高大的门机面前，觉得头晕目眩。几天后，门机司机成了他的第一份工作。这个年轻人就是孔祥瑞。

回忆起那时的情景，孔祥瑞依然记忆犹新。他说，自己刚来的时候曾经哭过好多次，因为他看到天津港当时的工作环境很差，码头工人的社会地位也叫人瞧不起。

孔祥瑞的师傅金贵林看出了这个小伙子的心事。金师傅说："祥瑞，是金子永远要发光，不是金子涂上金也不亮。只要我们好好工作，哪个工作岗位都能把自己锻炼出来，而且爹有娘有不如自己有，别人会不如自己会。自己学到的知识，自己学到的本事谁也偷不走。"师傅的话让倔强的孔祥瑞琢磨了好几天。通过和师傅的相处，他看到师傅因为技术好，特别受同事尊重。孔祥瑞自己也暗下决心，他决心要像师傅那样，干就要干出个样来。

于是，孔祥瑞开始主动研究、积极学习。在维修现场他学会了"听音断病"的绝活儿；在宿舍他背熟了所有的参数指标；在十多本日记本上，他总结了无数的经验和教训。慢慢地，他成了队里的"能人"，每次门机故障他都能又快又好地解决，大伙都称他为"门机大王"。

■ 孔祥瑞。

小小千斤顶，抬起大门机

1995年10月的一天，海风徐徐，天津港港湾里刚刚涨潮的海水慢慢铺开来，时任天津港固机队队长的孔祥瑞结束了一天的工作正准备休息，突然，一阵急促的电话铃声打破了这种平静。

"报告孔队，12号门机转柱回转大轴承下支撑面出问题了！"电话里传来值班工人急促的汇报。12号门机是当时世界最大级别的门机，这个重达320吨的庞然大物是装卸作业的几员"大将"之一。它发生故障意味着一艘即将靠岸的两万吨级货轮将无法利用涨潮时间快速卸货，这样很容易导致货船因为退潮而搁浅。一道难题横在孔祥瑞的面前。

港口外两万吨级货轮离码头越来越近了，为了在短时间内装卸货物，出现故障的12号门机必须尽快修复。故障维修需要抬起100多吨的门机上部，这一般需要租用海吊作业，但海吊运输需要八个月，来不及了。孔祥瑞提出了一个大胆的计划——用千斤顶撑起门机上部。但是对于这样一个没有先例的操作，工友们都有很多顾虑。

在值班室里，工友们七嘴八舌地议论这个方法的可行性。工友康建桥认为千斤顶没有基础座，没法支撑，就没办法发挥作用；另外，对于千斤顶的角度、数量、牵引力等等，工友们都认为很难计算精确。

但是，孔祥瑞执著地认为这个法子可行，于是他与工友和技术人员进行了详细的研究和计算。孔祥瑞发现，可以利用32吨千斤顶，一组放两个，共放六组，也就是12个千斤顶。对于支撑点，孔祥瑞认为可以在门机法兰盘的铜体上面焊六个支撑点，就是牛腿，焊出牛腿后把千斤顶放在上面，六个千斤顶一起顶。

万事俱备！小千斤顶与大门机的较量开始了：1毫米、2毫米……1厘米、2厘米……168吨的"钢铁巨人"乖乖地被12个"小兄弟"稳稳托起，并达

到了要求的高度!

门机修复圆满成功,前后仅用了9个小时!

孔祥瑞和工友们用油乎乎的手击掌相庆:小小千斤顶,抬起大门机。一项专用于港口门机维修的新技术从此诞生了。

小小千斤顶,顶起的不仅仅是百余吨的钢铁,更顶起了一份自信,让孔祥瑞和他的工友们找到了与这些"钢铁兄弟"交流的语言!

提速 16 秒

2001 年,天津港制定了冲击亿吨大港的奋斗目标。当时孔祥瑞所在的六公司承担了 2 500 万吨的任务指标,是全港总任务的四分之一。这意味着,18 台门机一下子要比上年增加近 30% 的工作量。

面对新增加的工作量,已经满负荷工作的操作队,实在难以承担。这时候,孔祥瑞像着了魔,天天站在门机下面琢磨,希望这些他闭着眼睛都摸得清的"老伙伴"还有更大的潜力。

徒弟康建桥还记得那时候的孔队,压力很大,睡不着觉,白天晚上都在思考这个问题。

功夫不负有心人。有一天,孔祥瑞干脆爬上船,近距离观察门机抓斗的动作,他突然发现门机抓斗放料时,起升动作有个 16 秒左右的停滞。能不能把这个作业空当利用起来,提高工作效率呢?他和队里的技术骨干对指挥门机抓斗的"大脑"——主令控制器进行革新改造,将手柄移动轨迹由"十"字形变成"五角星"形,成功地挤出了 15.8 秒。改造后,每台门机平均每天多干 480 吨,大大超过了预定指标。如今,这项以孔祥瑞名字命名的操作法,已经广泛应用到了我国的门机生产领域。

■　孔祥瑞和工友们在一起。

留下深深的印记

与这些钢铁机械的朝夕相处，让孔祥瑞的身上留下了很多伤。一次更换钢丝绳的惊险场景，让徒弟康建桥至今记忆犹新。

康建桥回忆道："当时钢丝绳越往下放越长、越重，而且钢丝绳上有油，越来越不好抓，这时候后面还剩下二三十米的钢丝绳已经活动起来了。孔队长赶紧喊，躲开躲开，他一把把别人推到一边去，但是他自己却没有躲，还紧紧攥住钢丝绳，看到别人都躲开之后，他才赶紧一躲，就这样还是有一圈钢丝绳打在了他的胸上，当时，钢丝绳已经下去了，我们看孔队长眼睛也闭上了，脸色也发白了。"

32毫米粗的钢丝绳重重地抽在了孔祥瑞的胸上，在他胸口上留下了一道深深的印记。

一枚迟到的钻戒

孔祥瑞和妻子陈秀慧青梅竹马，1981 年，他们在天津市一个只有九平方米的小屋里，举行了简单而又热闹的婚礼。那个时候，因为家里穷，孔祥瑞不能给妻子买贵重的礼物，但是他自己暗下决心，一定要好好工作，让妻子过最好的生活。

对于没日没夜泡在码头上工作的丈夫，妻子陈秀慧给予了最大的支持。在孔祥瑞和妻子结婚 21 周年纪念日的那天，孔祥瑞给了妻子一个惊喜——一枚钻戒。虽然是一枚迟到的钻戒，但是妻子已经感受到了孔祥瑞深深的爱。

这些年，在这个热火朝天的码头上，孔祥瑞带领团队创造出了 150 多项技术革新成果、4 项国家专利技术，给企业创造了 8 400 多万元的经济效益。如今，孔祥瑞已经成为一面旗帜，带领着更多年轻人走上创新敬业的道路。

显然，掌握了科技知识，咱们工人更有力量。

一个人生命的价值不在于你拥有了多少，而在于你奉献了多少。

——王启民

闯将在此
——王启民

　　松花江化冻了，苍茫的大草原又有了生气，石油工人们排着队向井架走去，天边是一朵朵的火烧云。这就是那片传奇的土地——大庆，这是王启民生活了半个世纪的地方。

■ 王启民在工作。

莫看毛头小伙子

1959 年 9 月 26 日，松基三井出油，宣告了大庆油田的诞生。第二年，数万人马从全国各地挺进萨尔图草原，轰轰烈烈地松辽石油大会战开始了。22 岁的南方小伙儿王启民正是这支队伍中的一员，那时他是来自北京石油学院的实习生。也是这一年，中苏关系破裂，苏联专家撤离，被西方长期封锁的中国石油工业更是雪上加霜。

王启民想起那一段历史就气愤不已："他们笑我们，'你们根本开发不了这个油田'。这个地方五六十年代很冷的，他们说油采上来怎么流，走不动，除非把油田搬到赤道上去。"

面对嘲讽，书生意气的年轻人愤然写下一副对联：莫看毛头小伙子，敢笑天下第一流。横批：闯将在此。那"闯"字里边的"马"被有意地写出了门框。

王启民笑道："我们说叫马快走，像千里马一样，马到就要成功，这就要靠闯。"

■　王启民（中）和同事们一起进行注水开发油田水层吸水情况试验。

女儿的名字

　　闯出去，这是一个艰难的承诺。拿下大油田需要的是铁人王进喜那样的勇气，然而持续开发大庆这种大型陆相砂岩油田，需要的是科学技术以及漫长的守候。

　　毕业后的王启民决定留在大庆，一同留下的，还有他大学时的女友陈宝玲，在远离故乡的北大荒，他们有了自己的家。

　　王启民的妻子陈宝玲说："嫁一个南方人，南方人都对妻子好。我妈妈以前就这么对我说。"

　　然而，现实很快就打碎了陈宝玲的幻想。1963年，她怀上了他们的第一个孩子，而王启民却没有心思去体味初为人父的喜悦。

　　油田通用的采油方法是通过注水加大地层压力，使油井形成自喷井，可那时这个方法遇到了麻烦，从地下冒出的是水而不是油。王启民受命查找原因。那年冬天，分身乏术的他只能让即将临产的妻子独自上了回娘家的火车。当列车行至锦州火车站时，陈宝玲生下了女儿，取名"锦梅"。

　　王启民无奈极了："这个时候你说啥都不行了，你跪在那儿也不行了。她虽然能理解，但还是很生气。"与女儿一同来到这世界的，是王启民脑子里的一个大胆的构想，他提出大庆油田地下油层厚薄不匀，应当分层注水，在某些油层加大注水量。这种方法是对当时国内外推行的"温和注水法"的颠覆，谁也不敢肯定能否行得通。

　　倔强的王启民捆起行李卷，住进了试验区，在一口已经废弃的油井上开始了他的试验，一遍遍地试，一次次地摸索。终于，这口井的日产油量迅速回升。此后，曾被判了"死刑"的一批油井转而成为百吨高产井，大庆油田从此走上了科学开采之路。

对大庆的那颗心

　　完成任务的王启民回到家中，可妻子几乎快要认不出他了。几年的高强度野外作业，让这个生龙活虎的汉子，曾经的国家三级运动员患上了类风湿强直性脊椎炎。

　　王启民说："到了1965年，路也走不了，迈不开腿，坐那儿起不来了。"

在当时，这种病几乎是不治之症。王启民住院期间，就曾有病友因为承受不了病痛而选择了以自杀结束生命。没有人知道王启民是怎样挺过来的。很快，他回到了工作岗位，佝偻着的腰，成了他一生的定格。

王启民的同事杨玉哲说："当时，他常常在下班回家后，就让他爱人陈宝玲给他踩腰，因为太难受了。"

陈宝玲不忍心看着丈夫这么痛苦，她偷偷帮王启民办好了调离手续，谁知王启民犯了牛脾气，说什么也不走，一气之下，陈宝玲把离婚协议书拍到了桌上。

■ 王启民（右一）在油田生产现场做调查。

陈宝玲说："他眼都没有眨一下，就毫不在乎地签字了。"

王启民笑着说："这个谁都知道，我只要签字了，她反而走不了。对不对啊？我要不签字，三心二意的，就跟着她跑了，那样，心就对大庆动摇了。"

忠孝难两全

除了大庆，世界上还有一个地方能牵动王启民的心，那就是浙江的湖州，他魂牵梦萦的故乡。

1993年，王启民读到弟弟写来的信："虽然母亲已不能说话，可经常用手指着你的照片。大哥，为了母亲能闭眼离开，你无论如何得回来一趟。"

23

　　王启民悄悄地藏起了这封信，他实在不能抽身回去。

　　上世纪80年代初，大庆在稳产10年后，逐步进入高含水期，油层里的水越来越多、油越来越少。许多人都认为，大庆已经走到尽头了。此时，王启民却对几块"石头"有了兴趣，这是在国内外开发中被判"死刑"的表外储层，它的含油量被专家戏称为只够炒菜用的。然而王启民不这样想，1984年他打下了三口试验井，但是射孔中没有见到丝毫油迹，试验失败了。王启民把自己锁在书房里反复研究那些数据，他坚信在这些数据里一定有他想要的东西，之后整整七年的时间，他一气儿打下了19口井。终于，他成功了。有了这项技术，大庆油田表外储层地质储量可达7.4亿吨，相当于又为国家找到了一个大油田。

　　"稳油控水"的试验成功后，王启民收到母亲病逝的电报。那一天，王启民没有像往常一样工作，他独自站在窗前，很久很久。窗外是那片生机盎然的大油田……

　　到2002年，这片美丽的油田创造了连续27年年产原油5000万吨以上的纪录，远远高于世界同类油田的水平。

　　2009年9月26日，是大庆油田发现50周年的纪念日，也是王启民73岁的生日。这一天，王启民依然在工作岗位上继续工作着。当年的闯将还是不服老，他说他是"70后"，他要多活20年，还要开发大油田。

　　站在铁人王进喜的塑像前，回想起他和那一代石油工人们留在大庆的青春岁月，看着年轻的工人们向他走来，王启民笑了，耳边犹然响起那属于他们的歌：

　　我当个石油工人多荣耀，头戴铝盔走天涯……

　　时代在前进，时光在流逝，而人的意志和智慧，是永不枯竭的高产油田。

21 世纪的中国必将成为世界强国。我能在有生之年，为此作了一点贡献，已死而无憾了。

——王选

汉字新乐符
——王选

　　王选去世的那一天，北京大学在百年讲堂为他布置了灵堂。前来悼念的人当中有一位是王选遗像的作者——肖像摄影师张建设。八年前，他为王选拍完照片之后，王选在他的笔记本里留下了这样一段话——"一个献身学术的人就再也没有权利像普通人那样生活，必然会失去常人所能享受的很多乐

趣，但也会得到常人所享受不到的不少乐趣。"

我坚持要求"安乐死"

■ 2006 年 2 月 19 日，社会各界人士来到北京八宝山公墓为王选送行。

2000 年 10 月 6 日清晨，陈堃銶女士像往常一样叫自己的爱人王选去打太极拳，这是他们夫妇俩坚持了几十年的生活习惯。但是这一天，王选却一反常态，没有出去。陈堃銶晨练回来，无意中发现王选留在家中，是在写自己的遗嘱，这一天，是王选被确诊为癌症后的第三天。

王选在遗嘱中写道："人总有一死，我将尽我最大努力，像当年攻克科研难关那样，顽强地与疾病斗争，一旦不治，则我坚决要求'安乐死'。我的妻子也支持我这样做，我们不愿浪费国家和医生们的财力、物力、精力。在安乐死或正常脑死亡时，立即捐献我身上所有有用的东西，以挽救更多的生命……"

患病期间，王选一直积极配合治疗，他经常开诚布公地与医生讨论病情，这位坚强而又冷静的病人给协和医院的医护人员留下了深刻的印象。王选的住院医生韩小红至今还清晰地记得王选曾经给他的建议。韩小红说："因为他对医学并不是特别了解，所以他不能直接指导我应该选哪个方向。他只是

26

说，他当时选专业的时候，选的是一个发展得不太成熟，但却是一个比较有发展的学科。他觉得，在这样的领域里比较容易做出成绩来。如果你要研究一个非常非常热门、大家都在做的学科，那么发展的空间就非常小。我觉得这个想法对我有很大的启发。"

只有坚持才能胜利

1954 年，17 岁的王选考进了北京大学数学力学系。在大学二年级分专业的时候，学习成绩优异的王选，居然放弃了热门的数学专业，选择了非常冷门的计算数学专业，而在当时的中国，很多人甚至连计算机这个名词都没有听说过。但正是王选的这一选择，成就了他一生的辉煌。

■ 已经退出历史舞台的铅字排版。

2001 年 5 月 14 日，王选进行了第一次手术。手术后不久，王选的学生郭宗民意外地收到了老师写来的一封信。郭宗民温情地说："这封信包括信封，我一直都保留着。因为我觉得它和我的博士证书一样重要、珍贵。" 当时郭宗民的工作正处在最艰难的时候，他所负责项目的推进速度一直很缓慢。郭宗民说："信的内容充满了鼓励，他说做任何事情都不是一帆风顺的，但只要坚持，克服一个个困难以后，前途就会一片光明。"

就在十多年前，王选也曾经经历了最灰暗的日子。那时的王选，只是北京大学一个默默无闻的助教。他提出的汉字激光照排技术，在很多人看来只是他自己的数学畅想曲，甚至是骗人的把戏。王选生前曾经说过："要学会在骂声中成长，在这种压力下，我坚信自己的方案有极好的性能价格比，而

27

■ 王选事迹陈列馆。

且还觉得，如果再晚几年可能就没有机会了。"

搞科研就要最后这一点儿坚持

从 1975 年到 1989 年的 14 年间，围绕王选和激光照排的各种嘲讽和怀疑一直没有停息过，一些与王选合作的单位，看着研究一直没有结果，也失去了信心，撤走了协作人员。就在王选几近绝望之时，《经济日报》找到了王选，这家报社在 1987 年开始采用他的激光照排系统。那时候，这套系统每天都会出现错误，报社常常要刊登向读者道歉的信。

这是王选压力最大的一段日子。

王选的夫人陈堃銶回忆起当初这一幕，还略显激动："投诉的人非常多，我们看了简直都没脸了。那怎么办？改吧！硬件、软件，大概一个多月的时间，把整套字模都改出来，有什么问题就解决什么问题。"

中国印刷博物馆原副馆长魏志刚说："20 天过去以后，计算机内部的好多故障都解决了。很多人都感到，搞科研就要最后这一点儿坚持，这一点太重要了。"

随着铅字排版退出历史舞台，中国的印刷业也告别了铅与火，走进了光与电的时代。

你是中国的骄傲

2006 年 2 月 13 日，北京协和医院 ICU 重症监护室里，在和癌症苦苦抗争了六年后，王选作出了他人生中最后一个选择：他让夫人转告医院，"不要再抢救了，血源这么紧张，留给更需要的病人吧。"陈堃銶平静地说："2005 年 11 月他的病情开始恶化，后来完全不能进食。2006 年 2 月 13 日 11 时，我陪着他，眼看着他停止了呼吸和心跳。

■ 1998 年 6 月，王选在北京国际科技周上发表演讲，介绍方正电子激光照排系统在媒体上的应用。

我看见他流出了眼泪。这是他生病以来第一次也是唯一的一次流泪。我知道他舍不得离开这个世界，舍不得离开他的事业和亲人，但是他还是走了。以前他每次出差，总盼着早点儿回家，但这次他永远回不来了。"

在他去世的那一天，北京大学在百年讲堂为他布置了灵堂。前来悼念的人当中有一位是王选遗像的作者——肖像摄影师张建设。八年前，他为王选拍完照片之后，王选在他的笔记本里留下了这样一段话。张建设说："我再把这段话念一遍，他讲得非常好——'一个献身学术的人就再也没有权利像

■ 王选在查看汉字激光照排系统输出的报纸胶片。

普通人那样生活，必然会失去常人所能享受的很多乐趣，但也会得到常人所享受不到的不少乐趣。'八年了，我找到这个笔记本，重读这段话的时候，依然带着当年的那份感动。因为有了他这样的人，有了更多这样的人，我们才能真正感受到做一个中国人的骄傲。"

听到王选去世的消息，很多人来到灵堂悼念，而这些人王选生前并不认识，但他们都得益于王选的这项伟大发明——汉字激光照排技术。正是因为王选的这项发明，中国印刷业的发展历程缩短了将近半个世纪。也正是因为这项发明，才让今天的中文手机短信和中文电子邮件变成了现实。目前，在全球华文报业出版印刷领域，有80%以上的机构都在使用他发明的这项技术。

王选已经离开了我们，但是他对中国的影响将永远存在。就像王选遗嘱上说的那样："我对国家的前途充满信心，21世纪的中国必将成为世界强国。我能在有生之年，为此作了一点贡献，已死而无憾了。我对方正的未来充满信心，年轻一代务必超越王选，走向世界。"

在键盘的敲击中，汉字书写着新的辉煌。

我不做发财的典型。国家给我的荣誉称号是'劳模',我理解'劳模'应当是奉献的意思。我应当做奉献的典型。

——包起帆

轻轻一抓就起来
——包起帆

1981 年 10 月,中国港口史上第一只用来卸大船木材的抓斗诞生了。这项革新填补了国际港口装卸工具的一项空白。为了能够研究抓斗,他顾不得自己的家庭,顾不得刚出世不久的孩子,日夜待在码头上做试验。最长的时候三天三夜没有睡觉,五天五夜没有回家。

装卸作业留下的"纪念"

1968 年 11 月，刚刚 17 岁的包起帆进入上海港第四装卸作业区当上了一名装卸工。当时的上海港是一个专门装卸木材、生铁的专业化码头。

以前在木材堆积如山的码头上，常常可以看见工人们拿着 28 毫米粗的钢丝绳，用人工方法把木材拉到船上面去捆起来，再用起重机吊出去。因为工人一直在码头的木材上面跑来跑去，一不小心木材倒下来就会把人砸伤，码头上经常发生这样的伤亡事故。

包起帆的手上至今还留有一个很大的伤疤，那是一次装卸作业留下的"纪念"。当时起重机司机不小心启动了机器将货物提了起来，包起帆的手没有来得及拿开，被夹在了钢丝绳里面。后来钢丝绳松下来以后，他把手套脱掉，发现大拇指里的骨头都露出来了。一年里，包起帆所工作的码头就死了三个工人。三个工人的年纪加起来没有超过 80 岁，都是二三十岁的人。"吃人的码头"在包起帆的脑海里刻下了深深的烙印，这促使包起帆立下誓言要改变码头工人作业的局面，把工人兄弟的生命从虎口中夺回来。

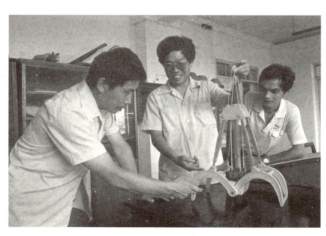

■ 包起帆（中）在和同事一起用模型研究木材抓斗的性能。

包起帆下定决心要想一个办法，搞一个好的抓斗来装卸原木。

其实那时候包起帆对抓斗一窍不通。要改变这种现状，对于只有初中二年级学历的他来说，谈何容易！

包起帆说："因为没有文化没有知识，我就不停地读书，读书之余就动脑筋想办法，想想如何才能把工人从危险、繁重的劳动中解放出来。"

第一只抓斗的诞生

■ 包起帆设计的木材抓斗。用它在港口装卸木材，生产效率比人力作业提高两倍多，实现了安全高效率。

为了能够研究抓斗，他顾不得自己的家庭，顾不得刚出世不久的孩子，日夜待在码头上做试验，最长的时候连续三天三夜没有睡觉，五天五夜没有回家。一直到现在，包起帆的妻子还在埋怨他对这个家庭没有贡献。包起帆说："在家里没有发言权，我也认。她也跟我一样是装卸工，干了三四年，后来她调到机修部干机修工去了。但是我觉得我们两个人对搞革新的认识是一致的，只不过她嫌我对家里的事做得太少。"

经过将近三年的时间，包起帆终于攻关成功。1981年10月，中国港口史上第一只用来卸大船木材的抓斗诞生了。那天，大船的船舱旁站着上百个装卸工，他们其实不是看抓斗能不能抓原木，而是在看自己的命运能不能有转机。果然，一伸一缩的抓斗，不用钢丝绳就能抓起长长的原木。

码头工作人员张九皋感慨地说："这个木材抓斗的好处就是，第一，效率提高了；第二，人木分开，将危险性降到最低，轻易不会出事故。"

这项革新填补了国际港口装卸工具的一项空白。包起帆为我国码头装卸生产第一线作出了巨大贡献。他认为自己的人生价值就在于此，使用抓斗，不但极大地提高了工作效率，更重要的是再也没有工人伤亡。

把奖金分给同事

人木分离的目标实现了，但码头上不仅存在木材装卸的难题，还有生铁、废钢等大块货物的装卸难题。包起帆举一反三，相继成功地发明了生铁抓斗、钢材抓斗等先进工具，创造性地解决了一批关键性技术难题。

有时候，在大家看来不起眼的小东西都可能激发包起帆的灵感。如何让抓斗更加平稳，就是由看到的路边玩具引发的灵感解决的。他说："小时候，路边有卖玩具的，一只纸老鼠上面有根绳子，绳子一提老鼠就在地上爬，就会走了。我联想到我的抓斗为什么老是打转？我的抓斗就像一只小老鼠，一根绳子拎起来，因为它偏心，所以打转。想到了这个道理以后，就发明了一种非常对称的启平结构。有了这个结构，抓斗吊起来以后，就非常平稳不打转了。"

■ 包起帆在检查由他设计的装卸抓斗。

如今他的发明已经在国内20多个行业1 000多个企业得到广泛推广应用，还批量出口到20多个国家和地区，他成了名副其实的"抓斗大王"。不仅如此，包起帆得到的科技成果奖金，他也都作了令人敬佩的处理。从1981年的革新成果开始，包起帆就给自己立下一条规矩：属于他个人的奖金要送给企业的伤残、困难职工。有一年，包起帆得了全国职工技术创新一等奖，拿到20万元的奖金后，他把18万元都分给了同事。

在包起帆看来，团队里的工人是最厚重的力量。他说："我们搞发明搞创新不是一帆风顺的，经常听到冷言冷语，我有毅力是因为我的背后有这么多工人支持我。更何况我自己搞创新搞发明，也是在实现为国家创造财富的同时，实现了自己的价值。"

将创新进行到底

进入新世纪，包起帆走上了领导岗位，先后担任了上海港务局副局长和上海国际港务（集团）股份有限公司副总裁。岗位变了，职务高了，但"抓斗大王"的创新没有停止。在同事们看来，副总包起帆在更多时候仍然是工人包起帆。

上海国际港务集团工程技术部经理葛中雄说："他以前搞创新，现在还是这样。他既是总指挥，又是战士，总是和同事们一起冲锋陷阵，什么活他都干。"

上海国际港务集团工程技术部主管董庭龙深有体会地说："跟着他工作是没有休息日的。他的电话24小时开机！我们在美国，他在上海，时差12个小时，我们那里是白天，他这里就是晚上，我们经常打电话联系工作，他总是不厌其烦。"

2006年5月9日，巴黎国际发明展览会召开。包起帆凭着集装箱电子标签装置等引领港口作业智能化、自动化的发明，一举夺得巴黎国际发明展览会四项金奖，成为这个国际发明界最权威的展会105年来一次获奖最多的人！

■ 包起帆（中）在向外商介绍抓斗品种。

"我也不知道能不能得奖，在颁奖会上先颁铜奖，再颁银奖，最后颁金奖。颁金奖时就听见喊'中国上海，包起帆'，我就上去领奖。第一个奖拿回来，第二个又去了，第三个又上去了。这时，老外也惊呆了，心说这个人怎么会获这么多奖！最后一下子给了我四块金牌。"说起这些的时候，包起帆的脸上洋溢着掩饰不住的骄傲。

数十年来，包起帆和他的同事们先后完成了130多项技术创新项目，获得了41项国家和国际专利，这些项目中有三项获国家发明奖，三项获国家科技进步奖。

现在的包起帆每天都在忙着做岸基供电。所谓岸基供电，就是为了减少污染排放、节约能耗，靠岸的船只用电由岸上设备集中供给，污染排放集中处理。目前，这个项目在世界上还没有人搞成功。"我现在正在做这方面的研究、创新，准备把上海港搞成世界上第一个具备岸基供电能力的崭新的集装箱码头。"包起帆对于未来的创新之路已经有了规划。

凡是熟悉包起帆的人，都有一个同样的结论：人生对他而言，就是一个不断创新的过程。

科学是实事求是的学问，来不得半点虚假。

——华罗庚

最后一堂数学课
——华罗庚

　　当华罗庚讲完最后一句结束语的时候，报告厅里响起了经久不息的掌声。一位日本女数学家捧着一束鲜花向台上走去，然而谁都没有想到的是，当鲜花递到华罗庚面前的时候，华罗庚却突然倒下了，倒在他挚爱一生的讲台上。

数学大师的最后一堂课

■ 华罗庚全家摄于昆明北郊蔡家菅村的住宅前。

1985年6月，日本东京大学的一间报告厅内，闻名世界的数学家华罗庚正在给大家讲述一个深奥的数学理论。

中国科学院研究生院教授，中科院科技政策与管理科学研究所研究员计雷是华罗庚的学生，他回忆起当时的情景时说："当时我在场，这是他在日本期间唯一的一次演讲。因为他心脏不好，我们安排的时间都很短。他演讲时，我们就觉得异常。刚开始坐着轮椅讲了很长时间，但后来他站起来讲，讲到兴奋的时候他把西服脱了。"

■ 著名数学家华罗庚在给学生们讲有关人造卫星的计算问题。

■ 20 世纪 70 年代，著名数学家陈景润（左）和他的两位老师——著名数学家华罗庚（中）、北京航空学院副院长沈元在一起。

讲到后来，华罗庚没有再围绕数学研究讲下去，他很兴奋地展开了另外一个话题。

中国科学院院士王元是《华罗庚》一书的作者，他回忆说："他讲他这 33 年来为国家做的工作，讲得非常激动。"

当华罗庚讲完最后一句结束语的时候，报告厅里响起了经久不息的掌声。一位日本女数学家捧着一束鲜花向台上走去。然而谁都没有想到的是，当鲜花递到华罗庚面前的时候，华罗庚却突然倒下了，倒在他挚爱一生的讲台上。

计雷说："这种状况如果发生在病床上，抢救回来的概率也只有1%。就是这么可怕。而且他之前已经发生多次心梗了。"

虽然是一场意外，但华罗庚的亲人们始终觉得，华罗庚似乎是有预感的。常年的腿疾和心脏问题让他的身体早已不堪重负，在接到日本方面的邀请时，他身边几乎所有的人都劝他婉拒这次邀请，但他却坚持前往。

遇伯乐，破格录用成大师

在出访日本前夕，华罗庚又一次去了他心爱的清华园，看望了刚出生不久的外孙女。走到他曾经上过课的教室时，他特意停下了脚步，望着教室里的黑板、桌椅，久久不愿离去，似乎在追忆着什么……

华罗庚的女儿华苏现在是清华大学数学系的副教授，对于父亲对清华园的感情，她有自己的理解："爸爸对清华是有特殊感情的。爸爸到清华来碰到那么多特别好的人，那些人把他请到清华来，给了他很多特别好的机会。"

那是在1931年，清华大学数学系主任熊庆来无意中看到了一篇文章，文章很清晰地指出了一个著名数学理论的错误。熊庆来对这篇文章印象极深，但他并不知道究竟是谁写出了这篇重要的学术文章。经过查找，熊庆来终于联系上了文章的作者——当时远在江苏的21岁的华罗庚。对于这个左腿残疾、初中毕业就辍学的年轻人来说，熊庆来的出现无疑为他打开了一扇通向数学王国的大门。

在熊庆来教授的举荐下，华罗庚被破格聘为助教，这个只有初中文凭的人，从此走上了清华的讲台，这一讲就是50年，华罗庚也从一个小助教成长为蜚声世界的数学大师。

毅然回国，坚持推广"优选法"

1937年，抗日战争爆发，华罗庚结束了在英国剑桥的学业，立即回国，与自己的同胞共赴国难。在西南联大的教室里，人们又看到了华罗庚的身影。那个时候的昆明，生活条件艰苦，教学设备奇缺，甚至生命都时刻遭受着威胁。

王元讲述了一个颇为惊险的故事："华罗庚有个学生叫闵志鹤，后来是北京大学教授，当时是华罗庚的助手。华罗庚经常去闵志鹤家里讨论数学。

一天，两人正在一起讨论着，忽然空袭警报响了，他就跟闵志鹤到防空洞里去躲空袭，一颗炸弹在防空洞门口不远处爆炸了，土把他们两人都埋了。直到后来警报解除了，大家才把他们挖出来，真是死里逃生。"

华罗庚一辈子都没有放下过手中的教鞭。1965年6月6日，《人民日报》以整版的篇幅发表了华罗庚的《统筹方法评话》。他写信给毛主席，表达了自己希望进行应用数学推广的愿望。在得到了毛主席的肯定后，华罗庚带领几个年轻人跋山涉水，在全国范围内开设群众大课堂。

当时，年幼的华苏曾经跟随父亲一起深入工厂。她回忆说："工人们可高兴了。那么大的数学家，教他们那么一个招儿，就能对生产有好处。工人们特别高兴，学习积极性很高。"

20年间，华罗庚带领学生走遍了祖国的26个省份，行程超过20万千米，数以百万计的人聆听过他的讲座。

计雷说："我们到过河南省。在这个省，统筹优选法的材料印了100万册。现在稍微上点年纪的人都知道

■ 华罗庚著《堆垒素数论》俄文本和中文本。

■ 华罗庚汉白玉雕像。

■ 1974 年华罗庚在农村了解统筹法科学种田获得丰收的情况。

这个方法，而且，他们这辈子都用这个方法，它的作用是没法估量的。"

用生命谢幕的人民数学家

华罗庚在全中国开设课堂的消息让世界数学界非常震惊，邀请华罗庚去国外讲学的信函纷至沓来。无论多忙多累，华罗庚都欣然前往，因为他知道，虽然自己的每一次课都只有短短的几个小时，但通过这些听众的再次传播，受益于应用数学的人数将是一个非常庞大的数字。

1985 年 6 月，常年的劳累已经让华罗庚的身体不堪重负，但在接到日本的邀请后，他欣然赴约，最后却倒在了他挚爱一生的讲台上。

计雷说："他曾经跟我讲过，宁愿在战场上倒下，绝不在病床上躺下。他用这种方式谢幕，我觉得是一种必然。"

华罗庚让数学走下神秘的殿堂，走向田野和工厂，他让无数人懂得了数学的价值、知识的力量。

悟性在脚下，路由自己找。

——许振超

金牌工人
——许振超

　　《咱们工人有力量》这首歌，是青岛港集装箱桥吊队队长许振超经常哼唱的一首歌。桥吊下的大海，倒映着属于港口工人的金色时光。

工人是码头的主人

许振超愿意待在码头上，待在自己的工友们中间。他说："特别是站在桥吊上的时候，看着大海，看着下边的船，看着一排桥吊在那里作业，特别自豪，特别自信。那一刻让我们感到自己是码头的主人！"

"工人是码头的主人"这句话，许振超说了35年，也做了35年。1974年，24岁的许振超进入青岛港当上了一名电工，没多久他开上了当时青岛港最大的机械设备——门机。这让从小就喜欢机械的许振超感到兴奋。没多久，热爱钻研的许振超就把门机的原理和功能摸了个一清二楚。十年后，青岛港组建集装箱公司，34岁的许振超成了第一批桥吊司机。可是桥吊操作比门机要复杂得多。

许振超回忆起当时的情景说："甩给我一本厚厚的英文手册，二三百页，我当时就懵了。"带着英汉词典，许振超南下上海学习桥吊技术。生性倔强的许振超把英语单词抄在本子上，随身携带，有空就反复地背。

■ 年轻时的许振超在钻研技术。

许振超说："当你钻进去之后，会发现非常有趣儿，非常有意思。特别是当你弄通了一个问题后，那种舒畅难以用语言表达。"三个月后，能看懂图纸并学会了桥吊操作的许振超，回到了青岛港。

外国专家修了 12 天，我们修了一个半小时

1988 年，青岛港准备上第二台桥吊，可是新桥吊还没装好，第一台桥吊就出现了故障。可是那时候，国内还没有人掌握桥吊的维修技术。一个月后，两名外国专家抵达青岛港。

许振超说："外国专家来了以后，挺气人的，把门一关就在里边修，也不让我们看，我们原以为可以跟着学点儿技术，因为这是个学习的好机会，可是却不行。修好以后，你们知道付了外国人多少钱吗？43 000 元。这是个什么概念？相当于外国人干一天，我干一年。"

■ 许振超编写的《集装箱装卸桥司机操作手册》。

不服气的许振超当即找来桥吊的电路板，开始一根线路一根线路地研究。

许振超说："当时我就是不服输，我就觉得通过努力，我能掌握这个技术。"

许振超开始埋头研究。他摸熟了队里所有桥吊上的电路板，画出了厚厚的两本电路图纸，这套图纸成为队里的桥吊技术手册，这在全国是独一无二的。此后，桥吊的故障维修，再也没有请过外国专家。

许振超回忆说："我记得那个故障后来又出现过一次，上次外国专家修了 12 天，我们用了一个半小时就修好了。"

想尽一切办法，把这个纪录破了

2002 年，青岛港明港公司开业。此时，中国沿海众多港口纷纷崛起，市场竞争非常激烈，一艘中型集装箱船滞港一天，就要多付 30 000 美元给货主。如果码头装卸效率低，船舶经常滞港，就没有船舶愿意来停靠了。

一些大型集装箱船，多待一个小时，上万美元就烧掉了，成本就上去了。

为了提高桥吊装卸效率，许振超想到了从桥吊启动之初的 5 秒抠时间。他说，5 秒有点儿长，于是找了几个技术人员大家一块儿来算，最后一验证，

3.5 秒就足够了。1.5 秒时间是不长，但积累起来就长了，1 000 箱的船，2 000 箱的船，可能就提前半个小时，提前一个小时装卸完毕。

此时，已经 52 岁的许振超担任着桥吊队队长的职务。创造集装箱吊装世界纪录的想法在许振超脑海中越发强烈。码头变成了争分夺秒的战场，但并不是每个队友对此都有信心。青岛港工人高吉凯说："在创纪录的时候，我们的技术主管，还有我们的值班队长，每个人带着一个秒表，在桥吊下边，用表来掐我们装了多少个箱子，一个小时一报，半个小时一报，看看我们到底能装多少。"

机会终于来了。4 月 27 日晚上，国际巨轮"地中海法米娅"号靠港，需装卸 3 400 个集装箱。但是，意想不到的困难摆在了他们面前。

许振超说："当时的情况让人感到有点儿意外，因为按照惯例，空箱应占一定比例，但是没想到这条船载的箱子，超重箱特别多。但是已经来了，怎么办？骨头再硬，咱也要啃。坦率地说，我当时有点儿信心不足。"

八台桥吊一字排开，地面上是一双双期待的眼睛，一场攻坚战即将打响。

许振超给每个桥吊司机都发了西洋参含片。让大家伙把精神铆足了，主要注意力都放在箱子上，放在吊具上，其他什么也不要看，就是一个目标，想尽一切办法，把这个纪录破了。

鏖战 6 小时 27 分钟，桥吊队创出了单船效率每小时 339 自然箱的世界纪录。339 箱，这意味着他们打破了香港现代货柜码头创造的 336 箱桥吊装卸世界纪录。

2004年5月15日，许振超在清华大学作报告，受到大学生们的欢迎。

许振超感慨地说道："那个场面终生难忘。看起来是卸了一条船，但是意义不一样。"

"振超效率"扬名世界

2003 年 9 月 30 日，在接卸"地中海阿莱西亚"号的作业中，桥吊队以每小时单船 381 自然箱的装卸效率，再次刷新了世界纪录。"地中海阿莱西亚"所属的地中海航运公司专门给青岛港发来一封感谢信：你们的效率简直让人不可思议，我们一定会把这种效率推荐给别的货主和船舶公司。

"振超效率"扬名世界。

温家宝总理两次亲笔给许振超写信：你们争创世界一流的远大目标令人鼓舞，你们顽强拼搏的进取精神令人振奋。温家宝总理指出：振超精神、振超效率是我们这个时代的强音！ 2004 年，这位 54 岁的青岛港工人作为贵宾，登上了清华大学的讲台。许振超感慨道："能工巧匠干好了，也可以和那些优秀的科学家站在同一个领奖台上，同样可以获得社会的尊重、认可。"

《咱们工人有力量》的劳动号子日夜响彻青岛港。

不管时空如何变幻，创造性劳动都会受到尊重。

■ 为庆祝青岛港113岁生日，2005年10月12日晚，全国劳模、青岛港桥吊队队长许振超和桥吊队职工们一起表演《咱们工人有力量》。

我不想跟中国人比高低，我要跟外国人比高低。

——陈景润

"1+2"的选择
——陈景润

　　那是一个充满狂热的年代。运动迭起，学术废弛、文化荒芜，知识追求被人遗忘。就在动荡的 1973 年春天，北京传出了一个惊人的消息：有人取得了一项世界领先的数学研究成果。这个消息激起了人们心底潜藏已久的对知识的渴求。

"哥德巴赫猜想"引起的"地震"

1978年，一个新的时代开启之时，一篇名为《哥德巴赫猜想》的报告文学被各大媒体转载，陈景润这个名字响遍中国，激励人们走向科学和知识的春天。在那个年代，陈景润和他的"哥德巴赫猜想"成为百废待兴的科学界的一朵奇葩，同时也在国际数学界引起了强烈的"地震"。

■ 1980 年陈景润、由昆在北京拍摄的结婚照。

中国科学院数学与系统研究院院士林群感慨道："破纪录付出的代价非常大，陈景润就是中国的博尔特。"

时任新华社记者的顾迈男说："有的科学家给陈景润来信说，你移动了群山。"

陈景润的妻子由昆说："这引起了特别大的轰动。外国人评价说这是'光辉的顶点'，说他用筛法来做这项工作，是非常非常不可思议的。"

林群说："国际数学家请他作40分钟的报告。当时中国没有开放，这也是破天荒的事情。"

■ 陈景润与儿子在一起。

■ 陈景润在作学术报告。

"老陈真可爱"

陈景润对女军医由昆一见钟情，1980 年，两人喜结连理。由昆发现，生活中的陈景润并不像世人传说的那样古怪、不谙世事。在妻子眼里，陈景润性格随和，是个对感情执著、对孩子关爱的好丈夫、好父亲，家里也常常因他而充满了欢笑。

"别人都说好像陈景润什么都不知道，家里会如何如何。但是我自己体会，他无论做什么都用心去做，比如说对妻子的那份爱，对儿子的那份爱。他很注重小孩子的培养，所以我儿子在上幼儿园之前，掌握的英语单词起码有两三百个以上，在家里，一般的简单对话都要跟他爸爸说英语。他用他的那份发自心底的爱来呵护他的妻儿，这就够了。"回忆中，由昆满怀甜蜜之情。

■ 陈景润的演算纸。

由昆至今还记得，在家里的阳台上，陈景润曾给儿子种瓜种菜。每一棵幼苗破土而出，都会令他欣喜不已。

由昆回忆说："我下班回来，他会像孩子一样地喊，'由回来了，由回来了'，特别开心。"高兴的时候，陈景润喜欢和妻儿一起唱上几首老歌，他最拿手的是《我是一个兵》。由昆还说："他喜欢我跟他一起唱，儿子插两句嘴，其乐融融的。我的朋友原来都劝我，说我嫁给陈景润，糟了，糟了，说这样一个人会把我憋死的，但是他们来北京到我们家住了几天以后都表示放心了，还说'老陈真可爱'。"

"白专典型"的生活几乎只剩下了三件事：吃饭、睡觉和无休止的演算

许多人都感到诧异：在那个政治至上的混乱年代，陈景润究竟是怎样搞研究的呢？那是"文革"的前夕，空气中充满了火药味。一心想做学问的陈景润，很难找到一处安静的环境。所有人都去参加"运动"的时候，对政治毫无热情的陈景润因为生病被留在单位。就在这时，他做了一个决定：向国际数学界公认的一大难题——"哥德巴赫猜想"发起冲击。

陈景润曾说："我不想跟中国人比高低，我要跟外国人比高低。"

"哥德巴赫猜想"，简称"1+1"，被誉为"数学皇冠上的一颗明珠"。在这一猜想提出后的200多年中，各国数学家殚精竭虑，但始终没人能摘下这颗明珠。纷繁复杂的政治斗争被陈景润关在了门外。他在仅有6平方米的小屋里，独自踏上了艰苦卓绝的"远征"之路。

但一场灾难很快向陈景润袭来：他受到了批斗和毒打，被列为"白专典型"。在这场所谓"触及灵魂的革命"里，许多人迷失了自我。陈景润虽然备受折磨，但内心却变得更加沉静和执著。顾迈男描述当时的状况时，动情地说道："凌晨三点钟了，他还在研究哥德巴赫猜想，还在那儿算。我们进去一看，惊呆了，里面太小了，靠墙放着一张单

中国科学院数学研究所研究员陈景润在全国科学大会上发言。

人床，一张三屉桌子，到处都是书、稿纸，地上放着破饭碗，饭碗里还有干了的酱油汤。"

1966 年，陈景润发表的论文将"哥德巴赫猜想"推进到了"１＋２"，距顶点"１＋１"仅有一步之遥。论文发表后，外国人不相信"哥德巴赫猜想"能用筛法做出来。

此后的七年中，很少有人在外面见到陈景润。陈景润的生活几乎只剩下了三件事：吃饭、睡觉和无休止的演算。他一脸菜色，病情严重，随时都可能倒下。

林群说："他完全沉浸在里头，不能自拔。当时有一天晚上大家找不到陈景润了，去中关村附近到处都找不着，最后有一个人回到陈景润的住处，见他床上的被子裹成一团，把被子掀开，看到他正在里面演算呢。"

顾迈男激动地说道："光是稿纸他就写了好几麻袋，他在病得那么重的

情况下，还在坚持搞研究。"

林群评价道："他是要破世界纪录，为国争光，他的这个愿望特别强烈。他知道他自己的价值，也知道工作的价值。他很清楚这项研究对国家的意义。真正有贡献的，是陈景润这种人。他反映了广大知识分子追求真理的那种精神。他是一面镜子，把知识分子的那种精神表现得淋漓尽致。"

1973 年，《中国科学》杂志全文发表了陈景润的证明，他的" 1 + 2 "被国内外公认为"哥德巴赫猜想"研究的重要里程碑，迄今无人能及。有人说，他挑战了解析数论领域 250 年智力极限的总和。五年后，全国科学大会召开，"科学的春天"到来了，一个尊重知识的新时代到来了。陈景润成为会上最大的亮点，成为青年人心中的偶像，激励了整整一代人。

重病中，坚持站着参加完恩师华罗庚的追悼会

1985 年，数学家华罗庚在日本讲学时猝然长逝。6 月 21 日，已病重得不能站立的陈景润，在三个人的搀扶下，坚持参加了恩师追悼会的全过程。

由昆回忆道："我先生站了 40 分钟，后来我问他，你能站得住吗？他说，送华老我肯定不会坐着的，这样对华老不恭敬。他坚持站了 40 分钟，当时有好多人都特别感动。"

1996 年 3 月，陈景润在北京去世，享年 63 岁。陈景润去世 8 年后，他在加拿大读大学的儿子陈由伟，从商科转入数学专业攻读。他说自己要圆父亲的一个梦。

从陈景润身上我们可以感知：一个执著于猜想的民族，一切梦想终将成真。

外国农民能做到的事，我们中国农民也能做到。

——李登海

名扬世界的"玉米大王"
——李登海

　　2002 年，李登海去美国考察时，对方以接待议员的规格为他升起了一面中国国旗，而他，只是胶东的一个农民，但他还有另外一个身份——名扬世界的"玉米大王"。

小伙要闹大阵势

■ 李登海（左）和美国诺华公司专家在一起交流。

1978 年秋后的一天，一个 20 多岁的小伙子骑着自行车急匆匆地赶往市里，去找在市里开会的县委书记，他要申请去海南，这个年轻人就是李登海。李登海要去海南种地了，一石激起千层浪，这件新鲜事顿时引起了全村人的议论。当时的李登海刚刚初中毕业，正在后邓村农科队当队长，一个偶然的机会，他得到了一份中国农业专家去美国考察时的报告，这份报告强烈地震撼了他。李登海回忆说："美国玉米亩产达到 1250 多千克，当时我们自己亩产才 100 多千克，我就觉得非常惊讶。"20 年前的数字，他今天说起来还是满脸的不可思议。更重要的是当时美国的纪录是由一个叫华莱士的农民创造的，这也在很大程度上直接激励了李登海。

李登海感叹道："我自己本身吃过树叶子，吃过树皮、地瓜干、地瓜藤、玉米穗、水草，我知道挨饿的滋味。"

于是这个年轻的小伙子暗下决心，一定要让地里打出更多的粮食，让人们吃饱饭。

李登海说："从 1972 年开始我就下定决心，一定要开创中国的玉米高产道路，像美国的华莱士那样。外国农民能办到的事，我们中国农民也能办到。"

一语惊醒梦中人

1972 年，李登海的玉米高产试验田亩产达到 550 千克，这引起了全村的轰动，农民们开始相信老祖宗的土地上也能有这样的奇迹。欣喜之余的李登海却清醒地看到，玉米高产的关键在种子，他要自己搞育种。

李登海想争取更多的土地搞育种，但是村里拿不出多余的土地供他大显身手，他费尽心思才租到一块薄地。李登海把这块地当做了宝贝，精心呵护。就在他准备大干一场的时候，困难悄悄降临了。

在李登海八年的试验当中，搞了 120 多个品种，140 块高产田，8 年时间，没有一个品种能超过 700 千克。

700 千克这个坎儿，整整绊了李登海 8 年。就在这个时候，有人说海南岛一年四季树木常青，适合育种。说

■ 1994 年 6 月，李登海（前右）和科技人员在试验田里分析玉米苗情。

者无心，李登海心中却一亮，为何不到海南岛搞玉米育种呢？

李登海向当时的县委书记谈了自己的想法："在山东搞玉米的高产攻关，一年只能进行一次，冬天我们可以到海南岛种啊！在海南岛可以种上两季，种上两代，再加上我在山东那边再种一季，三年的工作我一年就能干出来。"

县委书记看着眼前这个执著的年轻人，当即同意了他的请求。

1978 年 10 月 29 日，李登海和自己的 4 个伙伴出发了，他也由此开始了自己莱州、海南岛之间长达 30 年候鸟般的生活。

万丈雄心，从来没有消失过

■ 玉米育种专家李登海在三亚育种基地查看玉米长势。

初到海南的李登海，人生地不熟，只租到了一亩二分地，为了获得更多的试验数据，每个品种只种一棵。

每天，李登海就像盼着孩子出生一般守在地里查看玉米长势。海南岛的炎炎烈日，晒得他背上的皮脱了一层又一层。看着一粒粒破土而出的种子，李登海满怀期待："对每个播种下的科研育种的种子，我都以望子成龙的心情，寄托一种成功的希望。"

可是一场意外，打碎了他的希望。这一天傍晚，刚回基地的李登海正在休息，忽然听见玉米地里传来牛叫声，他拔腿就朝地里跑去。眼前的景象把他惊呆了，早上出门前长势喜人的玉米苗被两头水牛啃得光光的。李登海瞬间觉得天昏地暗，这个坚强的山东汉子一屁股坐到地上，号啕大哭起来。

整整一天，李登海都在痛苦地抉择：是回老家去，还是在这里继续干下去？

李登海说："失败了，我重新再来，就像歌曲《三百六十五里路》中唱的那样，那万丈的雄心，从来没有消失过，即使时光逝去，依然执著。"

艰苦的体力活

玉米杂交育种必须人工授粉，而且要在天气最热的时候进行。这既是技术活，又是一项艰苦的体力活儿。

张永慧是李登海的妻子。30多年来，这位享受国务院特殊津贴的高级技师一直和李登海一起进行玉米高产的攻关研究，一年中的大半时间都待在地里，对于授粉这件事，她深有感触，她说："一般授粉时间，都是在天气最热的时候进行，每天十点钟以后授粉。花粉落到脸上很痒，玉米叶子有时候还划脸。"

从远处望去，绿油油的玉米地就像一幅油画，但是走进去，一片玉米叶子就是一把锯子。为了防止玉米叶子划伤皮肤，在气温高达40摄氏度的时候，李登海和他的同事也必须穿上厚大褂钻进地里挑选长势优良的玉米进行授粉。这样的工作李登海一年要进行20万次。

我用金黄的收获告慰母亲

李登海为玉米的付出，最终得到了丰厚的回报。他育出的玉米每株由原来的只结一穗提高到三穗，而且，每穗长达35厘米，玉米粒直径足足有1厘米，相当于一个成年人手指的宽度。1989年，"掖单13号"以亩产1092.29千克刷新了国内玉米单产纪录。16年后的2005年，他的高产玉米品种"超试1号"以亩产1402.86千克的成绩刷新了世界纪录。30年间，我国耕地的粮食产出由每亩养活1个人提高到4.5个人。这其中，李登海培育的玉米种子立了大功。

李登海从1978年开始培育玉米杂粮种，到2004年，将近25年的时间，累积推广面积10多亿亩，总增产1000多亿千克，效益达1000多亿元。

■ 李登海的玉米喜获丰收。

2005年11月8日，联合国亚太地区种子协会年会在上海举行。这个世界上最权威的种子协会把当年的"玉米重大贡献奖"颁给了中国农民李登海。

李登海骄人成绩的背后，是全家人的默默付出。玉米试验田里的三块大理石碑，不仅记录着这位中国农民对三亿亩土地的贡献，更饱含着李登海对母亲的深深眷念。

李登海深情地说："我母亲去世五年了，到现在也没把母亲的骨灰埋了。我在家里摆了一张母亲的遗像，每天早晨起来第一件事就是到母亲遗像前，给她鞠三个躬。"

张永慧说："他每次开会回来，都是先到地里看一看再回家，母亲活着的时候，他也是先到地里看完了以后，再回家看妈妈。"张永慧笑言，"现在是玉米排第一，孙子排第二，老婆儿子排不上号。"

在妻子看来，玉米就是李登海的命。为了玉米，李登海付出了很多。现在，在父亲的影响下，儿子也走上了育种之路，并且干得有声有色。小孙子也被早早地带进了玉米地。

对于后人，李登海有自己的打算，他说："我希望我的后辈都能成为名副其实的、有作为的农业科学家。要赶超世界先进水平，需要几代人的努力。"

现在正是中国从未有过的大时代，一切人都要努力，不能落伍。

——李四光

科学的目光
——李四光

　　2009 年 10 月 26 日，对邹宗平来说是特殊的一天，因为这一天是她外公李四光的 120 岁生日。外公去世已经 38 年了，今天，邹宗平拿出即将出版的由她编辑的《李四光画传》，给我们讲起了外公的故事。

照片背后曲折的回国故事

■ 1949 年，李四光偕夫人从英国抵达瑞士与德国交界的边境城市巴塞尔，寻找机会返回祖国。

翻开《李四光画传》，两百多张珍贵的照片讲述了李四光不平凡的一生。1889 年 10 月 26 日，李四光出生在湖北黄冈。1904 年 7 月，李四光赴日本留学。1905 年，16 岁的李四光加入同盟会。孙中山勉励他要"努力向学，蔚为国用"。1913 年 10 月，李四光留学英国伯明翰大学。1921 年，李四光学成回国，任教于北京大学地质系。1928 年，国民政府中央研究院地质研究所成立，李四光任所长。

邹宗平说："我的工作就是到处去收集照片，犄角旮旯地去翻，翻完了再把它们一张一张整理好，扫描进去。"

邹宗平对每一张照片背后的故事都非常熟悉。她觉得每一张照片都很珍贵。

1949 年，李四光与夫人摄于巴塞尔的照片尤其显得珍贵。

这张照片的背后，有着很曲折的故事

1948 年 2 月，李四光同夫人许淑彬前往英国参加第 18 届国际地质大会。会议结束之后，李四光没有立即回国，而是去看望女儿。当时国内局势变化飞快，李四光的归国路也因此变得曲折而漫长。

■ 李四光（左一）1920 年在北京大学任教时和友人在东吉祥胡同的住宅院内留影。

■ 李四光与家人。

　　1949 年年初，国民党政府仓皇逃往广州。不久，李四光所在的地质研究所被通知迁往台湾。同年 4 月，李四光收到了周恩来委托郭沫若发来的信，希望他尽早回国。由于迟迟拿不到船票，李四光没能赶上开国大典那伟大的时刻。

　　就在李四光焦急地等待启程日期时，台湾国民党方面也在想方设法阻挠李四光返回祖国。

邹宗平说："他有个朋友叫陈希仪，跑到英国他住的地方找他，让他快走，说国民党驻英国大使馆很快会来找他，让他发声明不参加政协，并且让他去台湾。于是他当天就拿个小包走了。这个事他给我讲过好多回。"

中国一定能找到大油田

1950 年 5 月 6 日，李四光和夫人许淑彬终于抵达北京。李四光显得格外兴奋，似乎长达 3 个月的漫漫旅途并没有让他感到丝毫劳累。一周后，周恩来总理赶来看望李四光。在与周总理畅谈了 3 个小时之后，李四光兴奋地告诉大家："现在正是中国从未有过的大时代，一切人都要努力，不能落伍。"1952 年中国地质部成立，李四光被任命为部长。

从上世纪 20 年代开始，外国地质权威就根据海相沉积的理论断言中国不会有石油，从此中国就一直被笼罩在"贫油"论的阴影下。新中国成立后，百废待兴，但那时中国石油的产量远远满足不了建设的需要。1953 年，李

■ 李四光在中国地质科学研究院地质力学研究所举办的进修班给学员们上课。

四光经过数十年对中国地质的深入研究，根据由他建立的新华夏构造体系的理论，坚信我国一定能找到大油田，于是，一场大规模的石油会战打响了。1959 年，中国发现了大庆油田。从此，我国石油基本自给，一改从前主要依靠进口的局面。

■ 1970 年，李四光（右四）在北京市延庆县山区察看地质构造情况。

经过不断地探索和研究，1962 年初，李四光完成了对开采石油起着关键引导作用的《地质力学概论》。同年 9 月，胜利油田出油，同时大港油田出油，滚滚喷出的石油把"中国贫油"论的帽子彻底甩进了太平洋。

临终前让李四光放心不下的两件事

1966 年，河北邢台地区发生了强烈地震，李四光赴灾区考察。当时很多科学家都认为地震是无法预报的，李四光却斩钉截铁地说，地震是可以预报的，并指出河北河间、唐山等地要注意。1969 年 7 月，中央决定成立地震工作领导小组，由李四光担任组长。

1971 年初，李四光带着全家照了一张全家福，谁也没有想到这竟是他们全家的最后一张合影。这时，距李四光被确诊患有动脉瘤已经 6 年，他早已预感到自己的时间不多了。

4 月 28 日晚，女儿李林去看望父亲的时候，李四光很正式地和女儿说了很多话。

邹宗平回忆道："外公临终前跟我妈妈李林说，他有两件事真是放心不下。

1957 年 6 月，李四光在杭州飞来峰用放大镜察看石灰岩中的有孔虫化石。

一个就是地震。地震他是做了很多工作，但只是刚刚开始。他觉得对不起总理。"

那李四光放心不下的第二件事是什么呢？

这次父女对话的第二天——4 月 29 日上午，因为动脉瘤突然爆裂，经全力抢救无效，李四光逝世，享年 82 岁。在追悼会上，周总理沉痛地说："我们国务院的工作没有做好，没有给李四光同志写悼词，今天我就把李四光同志的女儿李林同志的一封信当做悼词。"

在这封信里，李林提到在李四光的遗物中找到这样一张字条，上面写着：地球交给我们的珍贵遗产——煤炭之类内容极其丰富的财富，不管青红皂白，一概当做燃料烧掉，不到几十年，我们的后代，对我们这种愚蠢和无所作为的行径，是不会宽恕的。要把地热充分利用起来，我们可以节省多少燃料！可以给人们的生活造很大的福利——这就是李四光放心不下的第二件事。

时至今日，能源危机与能源的合理利用，一直是困扰中国和全世界的重大问题。李四光的目光穿越时空，关注着人类的今天和未来！周总理读完这封当做悼词的信，大声问道："你们都听见了吗？"人们大声答应："听见了！"

李四光去世已经 40 多年了，但他的声音直到今天还在提醒着人们。李四光的精神永存。

李四光用科学的目光穿透了黑土，也穿透着未来。

军人为祖国活，医生为病人活。我作为军医，没有犹豫的余地。

——李素芝

雪域门巴将军
——李素芝

夜里，西藏军区总医院一栋二层小楼里仍然亮着橘红色的光，屋内的电视正在播放歌曲《常回家看看》，李素芝听了一句，就马上关掉了电视。他在西藏33年，最怕听的一首歌就是《常回家看看》。

初进西藏

1976年，22岁的李素芝从第二军医大学毕业后，放弃了留在上海医院工作的机会，自愿申请到西藏工作。他被分配到海拔4 500米的西谷沟，成为山南军分区的一名边防军医。

谈到当时的选择，西藏军区副司令员、西藏军区总医院院长李素芝这样说："上海毕竟是一个藏龙卧虎、人才辈出的地方，要展示自己的才华和能力，是非常难的，而这里才是一个展示我们每一个人才华的大舞台。"

这个踌躇满志的青年一进西藏就面临一大难题——高原心脏病。当地的医生们对此束手无策。

1978年的一天，一个叫卓玛的小姑娘由于患有先天性心脏病被送到了西藏军区总医院。虽然李素芝和同事们尽最大努力对她施行了抢救，但年仅18岁的小卓玛还是停止了呼吸。

西藏军区总医院胸心外科主任陈忠东回忆道："他是个责任感很强的医生，小卓玛去世后他消沉了很长一段时间。"

一定要攻克高原先天性心脏病

小卓玛的离去让李素芝更加坚定了一个信念：一定要攻克高原先天性心脏病！从那一天起，他开始了长达20年的探索实验。

陈忠东说："当时设备很简陋，好多东西都是李院长自己亲自去买，但是他始终充满信心。医院的其他领导和在一起工作的同志也有不理解的，这么多年了，人员换了一拨又一拨，他怎么总是信心百倍呢？"

李素芝说自己的脾气就是干什么就要把它干好，绝对不能半途而废，自己认为绝对能走通的这条路，就要坚持走下去。

■ 李素芝和妻子郭淑琴、女儿楠楠（中）在一起。

2000 年，高原地带手术治疗先天性心脏病正式进入临床。

李素芝在选择患者上发了愁："虽然我们经过了 20 多年的动物实验，也有一定的把握，也很自信，但这毕竟是首例呀。我给自己的亲戚做手术，万一失败了也好说，也好做工作，但是绝不能对不起藏族同胞，更不能让藏族孩子担这个风险。"

爱人郭淑琴猜到了丈夫的心事，主动说服了自己的亲戚，将亲戚家患病的 6 岁外孙女接到拉萨进行手术。

时间一点一点地在流逝，李素芝熟练地操纵着手术器械，他成功了！

从此，李素芝手中的手术刀开始不断划破高原医学禁区。他带领团队成功研制出一系列防治高原病的新药，并编写了专著《高原病学》，揭开了高原病的神秘面纱。多年来，李素芝创造了 500 多项高原医学第一。中央军委主席胡锦涛签署嘉奖令，给李素芝记一等功！

女儿不肯叫爸爸

这些成绩的背后，李素芝和家人又付出了多少呢？

女儿李楠从小就被寄养在大连的姨妈家里。李素芝在西藏20年，休假时间加起来只有半年，这也是他与女儿相处的全部时间。

西藏军区总医院病理科副主任姜莉回忆说："当时在拉萨打长途电话非常不方便，有时候他俩就到我们家去打长途电话。就听电话那边的楠楠在唱《世上只有妈妈好》，郭医生听了当时就泪流满面。电话中无论他俩怎么说，那边的楠楠就是不肯叫爸爸。"

妻子把青春奉献给了家庭，李素芝把青春留在了西藏。他错过了女儿18年的成长时光，但女儿继承了父亲性格中的倔强品格，直到18岁才喊了他一声"爸爸"。

藏族群众心中的"门巴将军"

高原地区自然环境艰苦，风大、雪深、缺氧时刻威胁着人们的生存。很多次，李素芝因缺氧晕倒，只有靠氧气袋才能维持呼吸。但身为院长的李素芝却一直坚持上门为藏族农牧民巡诊治病，被当地群众誉为"活菩萨"。

拉萨甘丹寺僧人阿旺曲帕说："这些年，李院长每月都会到寺里来巡诊一两次，又是检查身体，又是发放药品，做了很多事情，广大僧众对李院长都非常敬重。"

"广大藏族农牧民群众，包括寺庙的僧人，见到李院长，就像见到亲人一样，那真的是脸贴着脸、抱得紧紧的，那个场面非常感人。"西藏军区总医院高山病科炜桑描述道。

从李素芝任院长的那一年起，西藏军区总医院开始对有困难的藏族群众

■ 拉萨一名僧人向李素芝（右）敬献哈达。

实行免费医疗制度，也是从那一年开始，李素芝率领医疗队跑遍了西藏边防连队和哨所，免费巡诊二十余万人次，为高海拔地区官兵和驻地寺庙僧尼建立"健康档案"一万多册。

姜莉感叹地说："李院长攻克的一个个医学难题，最大的受益者就是当地的老百姓，我经常跟李院长一起出去巡诊，为他当翻译，老百姓都说有李院长在咱们西藏，真是我们最大的福气！"

李素芝办公室的墙上满满当当地挂着藏族同胞送来的锦旗和哈达。在藏语中，医生被称作"门巴"，拥有少将军衔的李素芝被藏族群众亲切地称为"门巴将军"。

雪域高原，血脉在延续

大家都知道，《常回家看看》是李素芝最怕听的一首歌，其实也是他最想听的一首歌。

李素芝常说："我敢说，没有一个西藏官兵听到这首歌不想哭，我们西藏军人欠家里的实在是太多了。"

渐渐长大的女儿继承了父亲的善良，当看到被爸爸治好的藏族患者泪流满面时，她也开始理解爸爸为什么总是不回家了。

"我觉得他是一个好人，无论对家人还是对同事，尤其是对藏族人民特别好，工作勤勉，我觉得他真的是个好人。"女儿这样的评价让李素芝感到非常欣慰。

李楠军校毕业后，也主动要求到西藏工作，立志要成为优秀的牙医。她想在那片神圣的雪域，用自己的实践，重温父亲逝去的青春。

洒下的汗水越多，格桑花就会开得越美。

实现中华民族千年飞天梦想是一个神圣的使命。我们无论是谁去执行这次任务，都代表着祖国和人民去实现这一理想。

——杨利伟

飞天追梦

——杨利伟

1903 年，美国的莱特兄弟驾驶人类第一架动力飞机成功升空，从此人类插上了翱翔蓝天的翅膀；1961 年，苏联宇航员加加林驾驶"东方"号飞船

完成了世界首次载人宇宙飞行，实现了人类进入太空的梦想；2003年的这一天，中国的航天员杨利伟也在这样一个高度上俯瞰我们美丽的家园。

承载民族梦想的起飞

2003年10月15日凌晨5时20分，一场特别的出征仪式在茫茫戈壁中的酒泉卫星发射中心举行。"神舟"五号飞船即将踏上中华民族首次载人航天的征程，在亿万双眼睛的注视下，这艘飞船将把一位名叫杨利伟的中国航天员送向浩瀚太空。

戈壁滩的第一缕阳光缓缓照亮了竖立在发射架上的庞然大物——火箭。时钟精确地指向了6时15分，首飞航天员杨利伟准时进入"神舟"五号飞船，有条不紊地进行出发前的各项准备。在接下来漫长的两个多小时里，杨利伟就是这样不停地做着多项发射前的操作，此前进行的多次操作演练已经让他对各种操作谙熟于心。

8时59分，距离火箭点火还有一分钟。发射中心0号指挥员开始报告："各号注意，我是0号，一分钟准备。"杨利伟在飞船舱内静静地等待着作为中国首批航天员五年来艰苦训练最向往的那一刻，杨利伟的妻子张玉梅在发射中心的指挥大厅里紧张地盯着大屏幕，心里忐忑不安。

0号指挥员开始进行发射倒计时："10、9、8……"

其实，2003年对于世界航天界是一个多灾多难的年头。在这一年里，多个国家

■ "神舟"五号发射升空。

的航天任务都惨遭失败。此时，"神舟"五号的发射牵动着亿万中国人的心，中华民族的千年飞天梦想就要在这一刻实现了。

■ 杨利伟在飞船中。

0号指挥员："7、6、5、4……"

就在发射前的这一刻，卧躺在飞船舱内的杨利伟不由自主地向大家敬了一个标准的军礼。

后来，杨利伟诉说了当时敬礼时的心情："我不单单是一个人在执行任务，我身上所承载的是一个民族的梦想。"其实，这个敬军礼的动作并不是执行这次飞行任务中必须完成的规定动作，也并没有在往日的演练中特意安排过。追其缘由，杨利伟由衷地感慨道："其实敬礼是当时不由自主做出的唯一能够表达我心情的方式。"后来，敬军礼竟成为执行"神舟"六号和"神舟"七号任务航天员发射前的必选动作。

0号指挥员："3、2、1。点火，起飞。"

地面指挥通话："东风程序转弯。酒泉光学跟踪正常。东风飞行正常。"

有惊无险的升空

火箭带着隆隆的呼啸声缓缓升起，托起即将遨游太空的"神舟"五号飞船，更牵动着华夏亿万颗赤诚的心。

就在这时，通信信号突然受到干扰，发射中心指挥大厅里，传回到地面的图像出现了短暂的停顿状态。所有工作人员都目不转睛地盯着屏幕，望着图像中静止的杨利伟。虽然这类情况预先就有处置方案，但还是难免令人紧张。

突然有眼尖的工作人员大喊："眼睛动了，眼睛在动，眼睛在动。"又有工作人员叫道："刚看到的，眼睛眨了，刚眨了一下。"随即指挥大厅里响起掌声。此时，杨利伟的妻子张玉梅悄悄地抹了抹不知什么滋味的眼泪，当再次听到指挥员报告"东风飞行正常"时，她才稍稍宽慰了一点。

从未体验过的失重

天地之间默契的报告对话通过无线电波频频响彻在指挥大厅。

地面指挥员："东风，抛整流罩。"

杨利伟：""神舟'五号报告，整流罩分离。"

欢呼声混合着掌声成为此时大厅里最铿锵有力的进行曲。

后来杨利伟回忆道："整流罩打开，说明我们的飞船已经飞过了稠密的大气层。我当时是一个人坐在中间的位置，看不到外边其他东西，只是看到舷窗外边很亮，阳光照进来了，但是那个时候，我潜意识里一直在想，看看外面到底是什么样子。"

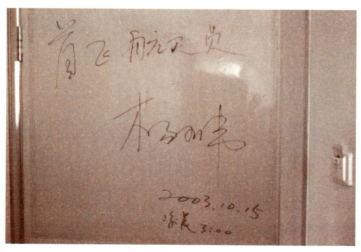

强烈的好奇心让杨利伟卧躺在局促的舱内不停地伸头向两边舷窗外面看。就是这种好奇心驱使中国人千百年来从未停止过对飞向太空的向往。紧接着杨利

■ 2003 年 10 月 15 日凌晨 3 时，航天英雄杨利伟出征前，准备离开问天阁时，在自己所住的房间门上题的字，一直保留至今。

冲击一样的感觉，身体向上冲了一下。实际上这是船箭分离的一瞬间。船箭成功分离预示着飞船顺利进入了运行轨道。

杨利伟仍然忘不了当时那个有趣的场景，他回忆道："飞船上面，各种仪器设备、各种飘带，全部都竖了起来，都顺着里边在摇摆，就跟你潜到水下之后，看到海底的那些海草顺着水的流动漂摆一样。我马上意识到这是失重了。"

俯瞰地球的高度

杨利伟一边克服失重引发的空间错觉，一边严谨地对飞船进行各项操作，并向地面发出信息："'神舟'五号报告，帆板展开手令已发出。仪表显示帆板展开，感觉良好，完毕。"

地面指挥中心："太阳能帆板展开正常。"

杨利伟永远也忘不了第一次从这样一个高度俯瞰地球的震撼，他回忆道："记得当时把手边的工作都完成之后，我非常迫切地把束缚带解开，然后一下子就飘到舷窗旁边扒着舷窗往外看，那个时候看到的景象真的很震撼。"

接着，杨利伟按照地面指挥中心的要求将数字电视切换到手持的数码摄像机上，这样所有工作人员就都有机会跟随他一起俯瞰这颗美丽的星球了。

杨利伟详细地描述道："当时看到我们的地球，确实是蔚蓝色的，披着淡淡的云层，非常壮观。因为你的高度很高，云层就像贴到地面上一样，非常漂亮。海岸线非常清晰地展现在你的脚下，特别壮观，当时我特别激动。"

杨利伟接着说："因为我是在海边长大的，而且恰恰在我的家乡就有一个机场，所以从小我就对大海和天空有强烈的向往。我特别羡慕飞行员。那个时候我就想，有一天我能不能也去飞行？"

杨利伟的话不禁让我们想起这样几个历史性的时刻：1903年，美国的莱特兄弟驾驶人类第一架动力飞机成功升空，从此人类插上了翱翔蓝天的翅

膀；1961 年，苏联宇航员加加林驾驶"东方"号飞船完成了世界首次载人宇宙飞行，实现了人类进入太空的梦想；2003 年的这一天，中国的航天员杨利伟也在这样一个高度上俯瞰我们美丽的家园。

让杨利伟更加激动的是飞船飞越祖国上空的时候。他这样描述道："在快接近咱们国家的时候，我趴在舷窗上拼命地往下看，因为太熟悉了，那些山脉，那些河流，看得都非常清楚。这个时候你感受到的是一种亲切，同时也是一份骄傲。我记得我当时把航天服手套摘下来，在我的工作日志上写了一句话——为了人类的和平与进步，中国人来到太空了。我记得当时突然间有一种想法，人类太伟大了，我们的民族太伟大了。"

太空经历之初体验

"神舟"五号飞船绕着地球高速飞行，每 90 分钟绕行一圈，一会儿白天，一会儿黑夜，黑白交替中杨利伟经历了许多从未有过的体验。

杨利伟兴奋地回忆说："当我飞行到黑天阴影区的时候，我看见舷窗外一亮一亮的。这让我很好奇，我就想，外边是怎么回事？到了第二圈，又到这个阴影区的时候，我提前很早就趴在这个舷窗上看到底是怎么回事。后来一看，原来是地面在下雨，在打雷，闪电的光很亮，一下子就到了太空，这个时候会把舷窗突然间照亮。因为打雷不是固定的，所以类似这样的自然现象都会让你很紧张。"

杨利伟接着补充道："我执行任务一共 21 小时 23 分钟，在这段时间里给我安排了六个多小时的休息时间。可我只睡了半个多小时的觉，因为除了很新奇，除了有很多工作需要做以外，更多的是想有更多的体验。"

在这期间，杨利伟除了表现出沉着、勇敢、毅力、细心等特质之外，他特像一个好奇心极强的天真无邪的小孩子，在失重状态下把玩手中的飞行手册、笔、摄像机 DV 带等物品，还津津有味地品尝了从地面带上去的中国传统食品——月饼。

■ 中国首位航天员杨利伟（左）向时任联合国秘书长安南移交“神舟”五号飞船搭载的联合国旗。

浪漫温馨的天地大通话

飞船飞行至第八圈时，经过相关领导的特批，指挥大厅临时促成了太空中的杨利伟与地面上的家人进行天地对话。儿子杨宁康好奇地问杨利伟：“爸爸，你看到什么了？”杨利伟兴奋地回答道：“我看到咱们美丽的家了。”妻子张玉梅也好奇地问他：“在太空中看地球是不是很美啊？”杨利伟肯定地说：“景色非常美！”妻子张玉梅紧张僵硬的脸上终于绽露出久违的笑容，她大声地说：“我们都看到你了，都为你感到骄傲。”张玉梅嘱咐道：“爸爸、妈妈、我和孩子都很好。明天我们迎接你凯旋，到机场去接你。明天见。”杨利伟微笑着回应：“好的，明天见。”每当杨利伟回忆起这个场景，他的脸上总会挂满幸福的微笑。他说：“我觉得当时确实充满了一种浪漫。因为用这种方式通话，本身就是一件非常浪漫的事情，而且特别温馨。”

圆梦之后的追梦

■ 2003年10月16日6时23分，"神舟"五号载人飞船在内蒙古主着陆场成功着陆。航天英雄杨利伟自主出舱。我国首次载人航天飞行圆满成功。

"神舟"五号飞船以每秒7.9千米的第一宇宙速度绕地球飞行了14圈，用时21小时23分钟，历经28次日升日落，行程六十多万千米。2003年10月16日凌晨，杨利伟即将结束飞天之旅回到祖国母亲的怀抱。6时23分，"神舟"五号飞船顺利降落在内蒙古主着陆场。地面搜救部队迅速到达现场，为飞船成功开启了舱门。

杨利伟休整后向首长报告："在太空中，我们的飞船状态和我的感觉都非常好。我为我们的祖国感到骄傲。"杨利伟作为中国飞天第一人不仅圆了中华民族千百年来的飞天梦，还昭示了一

个敢于追梦的民族，永远拥有美好的明天。

唯有共产党才能振兴航空工业。

——吴大观

翱翔的"中国心"
——吴大观

他被誉为"中国航空发动机之父",他为中国战机装载了一颗强劲的"中国心"。他,就是从年轻时代就立志"航空救国"的吴大观。

■ 1958 年 8 月 1 日，吴大观在 112 厂试飞站庆祝"歼教 1"飞机试飞成功祝捷大会上发言。

青年立志 航空救国

1937 年，吴大观考入西南联合大学机械系，在求学期间他目睹了日寇的飞机在中国上空横行肆虐，一个"航空救国"的强烈愿望在他心中萌发了。为此，他从机械系转入航空系学习。

吴大观的夫人华国回忆说："他一直以来就想，我们要自己制造飞机，不能落后，落后就要挨打。决心下定了，他就从机械系转到了航空系。"

1942 年，吴大观从西南联合大学航空系毕业。就在这一年，吴大观与扬州中学的同学华国结婚了。婚后不久，他获得了去美国学习飞机发动机制造的机会。

吴大观先后在美国莱康明航空发动机厂、普·惠航空发动机公司等处学习。这期间，他不仅进一步掌握了活塞式发动机的技术，还第一次了解了喷气式发动机。当时派去学习的有 25 人，后来回国的不到一半。

华国老人说："他写信告诉我，说他一定要回来。他说我们中国不能没

■ 1973 年 12 月，吴大观（中）与同事赴英国罗·罗公司考察斯贝发动机。

有飞机，美国再好，他也不愿意留在那里。他还说没有飞机人家欺负我们，美国人看不起我们，他要回国。"

谢绝了美国的高薪聘任，吴大观回国参加了新中国航空工业的筹建。航空发动机被誉为一个国家工业皇冠上的明珠，世界上只有少数几个国家能够研制。能把这颗"明珠"摘下来，飞机制造的最大难题就会迎刃而解。

吴大观认为国家的安危就在他们这些搞航空工业的同志身上，搞航空工业的人是战士，是保卫祖国的战士，要用这种责任感与紧迫感搞出自己的飞机和发动机。

要有一颗强劲的"中国心"

1957 年，吴大观来到沈阳 410 厂，组建了新中国第一个航空发动机设计室，在一穷二白的条件下，开始了我国第一台喷气式发动机"喷发 1A"的设计研制工作。

■ 吴大观的部分日记和笔记。

他的女儿吴晓云说："我从小就知道我爸老加班，时间老是不够用，我问过他，他说咱们国家的航空发动机事业刚刚起步，事情很多，难度特别大，所以要珍惜分分秒秒。"

就在这种艰难的条件下，一年后，装载着"喷发1A"发动机的国产"歼教1"飞机试飞成功，新生的"中国心"开始跳动，向全世界证明了中国人是能够

■ 1980 年 2 月，吴大观在英国罗·罗公司 42 号试车台。

■　吴大观的夫人华国经常擦拭和凝望着她和吴老的合影，深深地沉浸在回忆中。

造飞机和发动机的。初战告捷，吴大观认定了，必须走自主创新之路。

当世界航空大国研制出更为先进的涡轮风扇发动机后，吴大观开始带头研制我国第一台大推力涡轮风扇发动机——"涡扇6"。"涡扇6"是第一台真正意义上中国人自主设计研制的航空发动机，瞄准的是当时世界航空发动机的先进水平。

为了实现这个目标，吴大观带领科研人员日夜奋战，过度劳累导致他的左眼视网膜脱落。就在这时，"文革"爆发了，吴大观被关进了牛棚，左眼失明，右眼也只剩0.3的视力。而涡扇6的研制也被迫下马。

吴晓云说："像我父亲这样近60年在航空战线奋斗的人，有很多坎坷，他研制的一些项目有的半途下马了。但是，我父亲非常执著，这个项目没有了，下一个项目他还是要尽力地工作。"吴大观把悲壮埋在心底，执著地向着新的目标出发了。1978年，对"斯贝"发动机技术的引进，着眼吃透，为我所用，从而带动了我国高空试验台、震荡燃烧等一系列尖端技术的发展。为国产歼轰－7"飞豹"歼击轰炸机的成功装机奠定了坚实的基础。

吴大观坚持认为没有自己的发动机就会永远受制于人，不解决飞机的"心脏病"，战机就不会有强劲的"中国心"。在吴大观的积极倡议下，我国开始了第三代"太行"发动机的自主研制并取得了最后的成功。

吴大观毕生致力于航空发动机的预先研制与基础研究。他主持完成了我国第一部军用航空发动机通用标准规范的编制，使飞机发动机的研制从此有章可循。正是因为有了他和他那一代先驱者的艰难探索，中国航空发动机事业才能穿越黑暗、迷雾、险滩，站在世界航空的舞台之上。

与吴大观相濡以沫，陪他走过了60多年风风雨雨的老伴华国知道，能够让吴大观尽情地工作、学习是他最大的快乐，也是对他最大的爱。

2009年2月，已是弥留之际的吴大观最高兴的事依然是读书看报，活动小餐桌成了他的小书桌，为中国的战机装上一颗"中国心"，这个目标就像穿越一个世纪的火焰燃烧了他全部的生命。

2009年3月18日，吴大观走完了自己93年的生命历程。著名作家雨果的名著《悲惨世界》里面有一句话是吴大观最喜爱的，那就是：人生是施与，不是索取。

我并非追求成功，我追求的是忠诚。

——林巧稚

万婴之母
——林巧稚

1949 年 10 月 1 日，开国大典，欢呼声排山倒海。离天安门广场不远的协和医院里，著名妇产科医生林巧稚静静地工作了一天。

其实，她早就收到了到天安门观礼的邀请，但在林巧稚的心中，病人永远是最重要的。在她 80 多年的人生中，这一点从未改变。那天林巧稚听

到了两种声音：新中国诞生时人们山呼海啸般的欢呼声和婴儿诞生时的稚嫩哭声。

有一颗仁爱的心

1901 年 10 月，林巧稚出生于厦门鼓浪屿一个基督教家庭，父亲给她取名巧稚。从林巧稚在协和医院做见习医生起，只要见到产妇疼痛，她都会主动伸出双手抚慰产妇。有时候宫缩来了，产妇屏住气，会把林巧稚的手捏得青紫肿胀，而她却一声不吭。

现任协和医院妇产科主任郎景和介绍道："当时的主任叫韦尼克，林大夫那时还是一名年轻的医生。美国教授居然这样说，'林大夫，难道你以为拉拉病人的手，给她擦擦汗，你就会成为妇产科的专家吗？'但是林大夫坚信，这是一个医生，一个妇产科大夫最起码的、最重要的本质。"

外国医生不能理解和感受的是林巧稚的一颗仁爱之心。

对于这一点，厦门林巧稚博物馆的工作人员蔡文田也有同感："林大夫特别爱孩子。有一次，她看到一家人在为一个孩子送葬，到厦门过渡，她默

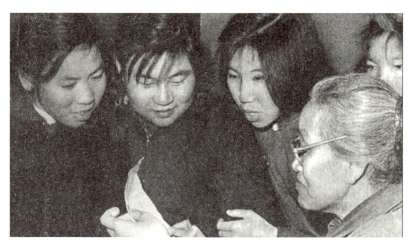

■ 林巧稚（右）指导年轻医生。

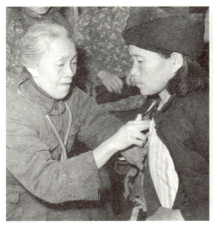

■ 林巧稚（左）在湖南湘阴县 ■ 林巧稚（前右）在北京农村为农民治病，关公潭公社王家寨大队给女社员检查 并通过医疗实践培养农村的年轻医生。身体。

默地跟着送葬的人群，一直到码头，随大伙一同流泪、挥手。你看连一个陌生的小生命，她都这么有爱心。这可能也坚定了她将来要当大夫的信念。"

杰出的女学生

1921 年夏天，林巧稚刚满 20 岁，她离开家乡乘船来到了上海，报考北京协和医学院。在中国旧社会的传统观念里，女性作为男人的附属品而存在，即使到了 20 世纪初，职业女性仍属凤毛麟角。从小接受过西式教育的林巧稚很早就确立了一个理想：怀着非凡的爱，做平凡的事。

7 月的上海酷热难耐，考场上一位女生突然中暑晕倒，此时监考的男老师不方便施救，林巧稚二话没说，放下没有答完的考卷，离开考场就去照顾病人。十多分钟后，当她回到考场，考试已经结束了，林巧稚最有把握的英语试题没能答完。这次考试全国只招收 25 名学生，录取率很低，女生要被录取就更难，没有答完题的林巧稚认为自己一定落榜了。

对这件事有过调查的厦门日报社副总编辑郭建尧介绍道："林巧稚考完

回来后，难过地对她爸爸说，她可能考不进了。爸爸鼓励她，说她在人生的考场上很优秀，不是及格，应该得到优等分数。'一个人懂得关心人，懂得爱人，就已具备了当医生的条件。'父亲的话给了林巧稚很大的安慰。"

一个月后，林巧稚收到了协和医学院的录取通知书。她没有答完试卷，但仍然得了高分。毕业以后，林巧稚留在了协和医院，成为这家医院第一位毕业留院的中国医生。

成为妇产科专家

在一个圣诞前夜，医院的外国大夫都去狂欢了。一个年轻的中国妇女突然大出血，生命危在旦夕。当时刚刚留院的林巧稚还是一名住院助理医生，无权做手术，也从未做过手术。她不断地打电话求助，得到的却是一声声抱歉。情急之下的林巧稚，顾不得协和医院的清规戒律，又一次像多年前在上海的考场上一样，把自己的前途和命运抛在一边，毅然走向了手术台。

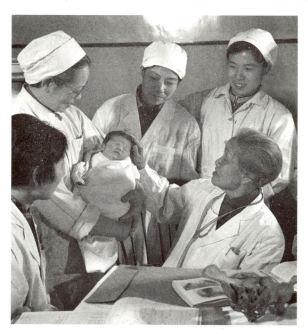

■ 林巧稚（前右）在检查初生婴儿的健康情况。

林巧稚终于把同胞从死亡线上拉了回来。如果这次手术失败，林巧稚的医生生涯很可能就此终止。把病人的安危放在第一，把自己的荣辱放在最后，林巧稚一生都没有改变这种赤子之心。即使后来成为了中国首屈一指的妇产科专家，林巧稚仍旧一如既往。

这是一份 50 年前的病案，上面记载着一个特殊的病例。那一年，一位连续四胎都夭折的草原妇女，向林巧稚发来了求救信。她怀上了第五胎，林巧稚从信中判断，这可能是可怕的新生儿溶血症，这种病在当时是不治之症。而此时，病人已经怀孕 7 个月了。郎景和说："新生儿溶血症是一种很严重的疾病，患儿很可能死亡。当时没有什么特别的治疗办法，只能手术。"

■ 林巧稚和中国医学科学院院长黄家驷教授（左）在全国科学大会分组讨论会上。

对于当时已经是一位赫赫有名的妇产科专家的林巧稚来说，做这样没有把握的手术，要冒很大的风险。可林巧稚所想的不是自己，而是别人。这位妇女已经 4 次经历丧子之痛，不能让她再一次失去孩子了。做手术是她唯一的选择。不做，婴儿一定会死亡；做，还有生存的希望。作为一名医生，只能追求最好的结果，尽最大的努力。

"万婴之母"

对于林巧稚的贡献，郎景和说："林大夫的一个非常重要的贡献就是在协和医院，把妇产科里面的几个亚学科或者说几个专业奠基成功。比如说产科，还有妇科、妇科肿瘤、生殖内分泌、计划生育等等，这些都是妇产科这个大的领域里面的亚专业，我们也称其为亚学科。"

林巧稚在产房里度过了50多个春秋，她亲手迎接了5万多个小生命来到人间，这个不曾做过母亲的伟大女性被人们尊称为"万婴之母"。有人说，林巧稚身上有一种神奇的力量，不管产妇怎样地焦躁、痛苦，只要她走过去，拉着手说上几句话，她们就都会平静下来。

长时间高负荷的工作耗尽了她所有的精力，林巧稚终于病倒了。这位为保障妇女儿童的健康、提高生命质量而奋斗的科学家，这个时候却开始了一本大书的写作——《妇科肿瘤》。她在轮椅上、病床上，用4年的时间完成了这部50万

■ 林巧稚（右）作为国庆观礼代表在天安门观礼台上和外国专家合影。

字的专著。这是她一生为妇婴健康付出的最后努力。

1983年4月22日清晨，林巧稚在昏睡中发出呓语，她急促地叫喊："产钳，产钳，快拿产钳来！"……她慢慢平息下来，过了一会儿，她的脸上露出一丝微笑："又是一个胖娃娃，一晚上接生了三个，真好！"

这是林巧稚留下的最后的话。

林巧稚虽然没有自己的孩子，但她是最伟大的母亲。

在科学上，重要的是研究出来的"东西"，而不是研究者的"个人"。

——罗健夫

一个人和他的图形发生器
——罗健夫

1969 年的一天，陕西骊山微电子公司非标准设备研制组组长罗健夫接到了一项重要任务，就是研制"图形发生器"。

那是一个特殊的年代，国际上对中国实行技术封锁，国内"文化大革命"正轰轰烈烈地开展着。别说相关的技术资料无法获得，就是一张外观照片也

从来没有见过。

34 岁的罗健夫义无反顾地接受了这项重任，从此他的生命与这项工作就融为一体了。

小零件大作用

■ 宣传罗健夫事迹的连环画。

2003 年 10 月 15 日，甘肃酒泉卫星发射控制中心，所有人都屏住呼吸目不转睛地盯着大屏幕，"5，4，3，2，1，发射！"在强大的推力之下，"长征"2F 运载火箭载着"神舟"五号载人飞船冲向蓝天。

今天的中国航天事业日新月异，世界瞩目。它凝聚着一代代中国航天人的艰辛和自豪。

如今，这个不起眼的、显得粗笨的"图形发生器"，早已被先进的 CAD 技术取代，但在 30 多年前，它填补了中国电子工业的空白，为航天电子工业的快速发展作出了特殊的贡献，在它上面镌刻着一个英年早逝的名字——罗健夫。

弹载计算机是导弹、运载火箭制导的大脑，没有它，导弹和火箭就不能精确控制。

20 世纪 60 年代，强敌环伺的中国急需导弹捍卫疆域，而导弹的核心技术是弹载计算机。只有计算机控制的图形发生器，才能控制曝光，高速度、高精度地曝光才能制出用于大型和超大型集成电路板，设计、制版用的掩膜板。

当时国内集成电路设计和制版还处在人工操作阶段，没有图形发生器，中国的航天事业就难以快速发展。

回忆当时的情景，罗健夫生前所在车间的党总支书记胡培德感慨地说："罗健夫所在的组，是非标准设备研制开发组，在这个组里，他的技术力量最强，他对工作一贯兢兢业业，态度非常认真。"

时间仿佛一下子回到了上世纪60年代。墙上贴满了标语，树上的大喇叭里播放着革命歌曲。那是一个特殊的年代，国际上对中国实行技术封锁，国内"文化大革命"正轰轰烈烈地开展着。别说相关的技术资料无法获得，就是一张外观照片也从来没有见过。

■ 罗健夫生活照。

34岁的罗健夫义无反顾地接受了这项重任，从此他的生命与这项工作就融为一体了。

罗健夫研制组的同事蔺振声回想起当时的情况，感慨道："当时是在各方面条件都很差的情况下研究图形发生器的，没有现成的资料，也没有可借鉴的技术，只能自己收集一些资料。"

成功背后的艰辛

就在项目攻关的紧张时期，发生了一件釜底抽薪的事情。

1970年，厂里突然调走了组里搞计算机的技术员，没有人搞计算机，还研究什么发生器。罗健夫急了，立刻就跑去找领导申辩，可结果不但没有要回技术员，反而遭到了劈头盖脸的批判和不停地作检查。

■ 罗健夫研制出来的设备。

蔺振声说："罗健夫对别人的误解根本就不在乎，不像其他人一听见批评就把工作都扔下，他不是这样的人。"

倔犟不屈的性格，在罗健夫身上爆发出来了，任何困难也动摇不了他的决心，他决定自己干。

胡培德回想起罗健夫当时的情景，不禁感叹道："三个月，他就把配套的计算机搞出来了！"

说起罗健夫的倔犟，至今还流传着一个小故事。当时罗健夫家住在西安，工作在相距二十多千米的临潼。由于常常加班加点地工作，罗健夫赶不上整点发车的单位班车，一咬牙，他买了一辆自行车往返于单位和家之间，不论春夏秋冬，在那条路上总能看到罗健夫瘦弱的身影。

罗健夫1935年出生于湖南省湘乡县，初中没毕业就参加了中国人民解放军。他认真、执著，在部队里利用业余时间，通过自学完成了初中三年和高中三年的所有课程，并考上了西北大学核物理专业。

胡培德说："他是学核物理的，核物理和半导体设备，隔行呀，距离比较远。"

电子线路、自动控制、精密机械、应用光学，所有与"图形发生器"有关的知识，罗健夫都需要从头学起。

胡培德回忆起当时的情况说："他工作起来不分昼夜，工作紧张的时候，三五天都住在工作间里。两个馒头、两块豆腐乳常常就是他的一顿饭；工作间地板上，一张塑料布就是他晚上睡觉的床。"

罗健夫的小女儿罗涛淘回忆起爸爸时自豪地说："他爱好广泛，还会拉手风琴。"

罗健夫夫人陈显万则说："他喜欢唱歌，喜欢拉手风琴、游泳，他什么都爱好。"

条件是艰苦的，但罗健夫是乐观的

1972 年，经过三年的刻苦研制，中国第一台图形发生器诞生了。

三年后的 1975 年，性能改进的第二代图形发生器研制成功。

■ 罗健夫生前事迹展览。

1978 年，第二代图形发生器获得了全国科学大会奖。

中国航天科技集团公司第九研究院党委副书记兼 771 所所长张俊超激动地说："它的研制成功，使我们国家半导体设备的制图、制版，从人工走向了自动化。"

胡培德说："他自己在荣誉面前，从来不去争，他老是讲别人，不讲他自己。"

坚守信念，与病魔斗争

1981 年 10 月，就在第三代图形发生器研制最为紧张的时候，病魔袭向了罗健夫，而罗健夫却没有告诉任何人，忍着病痛坚持工作。直到四个月后，才去西安看病，被确诊为癌症晚期。

为了治疗的方便，组织上让与他同单位的妻子陪护，他却向领导表示："自己的病已经影响了工作，她不能再耽误公家的事。"

由于病床紧张，单位要每天派救护车送他，他执意不肯，而是每天骑着自行车去医院治疗，直到手扶不住车把，腿跨不上车座。

蔺振声伤感地说："一切困难他都自己想办法克服，他就是这样一个对自己要求很严的人，生活中也是这样。"

罗健夫虽然躺在了病床上，但他依然无私地去帮助询问技术问题的同行们，从设计逻辑到难题处理，他们常常在病房里谈论到很晚。蔺振声心酸地说："生病期间他还是惦记着工作，告诉大家不要太耽误时间了，不要老是去看他。"

由于意识到自己的时间不多了，罗健夫告诉医生："你们现在就可以在我身上做实验，死后我的身体捐献给国家，你们可以解剖分析，希望对别人的治疗有所帮助。"

1982年6月16日，罗健夫与世长辞，年仅47岁。

铭记

2003年的一天，西安市烈士陵园，一位年近七旬的老人和自己的女儿，谁也没惊动地迁走了罗健夫的骨灰。

依然是谁也没有惊动，老人和女儿捧着骨灰盒坐上了开往湖南的列车。

罗健夫一生都不愿给组织添麻烦，23年后，他的妻儿依然不愿为他的迁葬家乡而惊动两地组织。

罗健夫的夫人陈显万说："我就想让他入土为安嘛，回家，回老家去。他的母亲也在那里。"

张俊超回忆说："组织上知道后，表示理解。罗健夫同志的一生，做人、做事都体现出一名共产党员的高尚情操，他从来不为自己的事去麻烦组织。"

今天，图形发生器已被更先进的设备取代。明天，这种设备可能就会被人们所遗忘。但是，罗健夫的名字将永远被我们铭记。

不以善小而不为，历经磨难终能成大器。

医院是战场，作为战士，我们不冲上去谁上去？

——钟南山

非典克星
——钟南山

医院的走廊里，护士们推着一辆急救车急匆匆地赶往急救室。紧张的气氛笼罩在整个走廊里，更弥漫在每个人的心里。

■ 钟南山在查阅资料。

临危受命

2002 年 12 月 22 日，钟南山所在的医院接收了一个从河源转来的奇怪病例，常规的治疗方法全部失效，病人病因不明，X 光片显示其肺部严重受损。两天后，从河源传来消息：当地救治过该病人的 8 名医务人员全部感染发病。钟南山震惊了。在他几十年的职业生涯中，还从没遇到，也没听说过这样的病例。

面对这样一个传染性极强的病例，钟南山的好奇心战胜了恐惧。"这个病到底是什么病，搞我们这行的要把它弄清楚。"他说。

一个月后，钟南山接到通知，随专家组赶往中山调查。年初以来，该市先后出现 28 例类似的"怪病"以及医务人员被感染的情况。调查证实了钟南山的预感，这的确是一种人类历史上从未有过的传染病。在给省卫生厅的报告中，专家们将这种不明原因的肺炎命名为"非典型肺炎"。

2003 年春节，疫情的发展出乎所有人的意料。很快，广州告急，各家医院收到的病例急剧增多。

据南方医院呼吸科主任医师蔡绍曦说，当时对于非典的认识仅仅局限于它较快的传染速度、较高的死亡率和危险性。

疫情愈演愈烈。面对一个高风险、不明病因的呼吸道传染疾病，钟南山主动请缨：在呼吸疾病研究所建立临时病区，集中收治最危重的病人。

■ 钟南山参加运动会的照片。

钟南山领导的呼吸疾病研究所成了非典救治的攻坚重地。2 月 3 日，大年初三，钟南山临危受命，出任广东省非典医疗救护专家组组长。钟南山被推到一场大战的最前沿。此时的钟南山早已是亚太地区呼吸疾病界声名显赫的专家。

来自中国的"钟大夫"

蔡绍曦说："全球有几个大的临床研究中心，钟院士在里面都是牵头的。"从英国回来以后，钟院士在呼吸界作出了许许多多的贡献。

钟南山出生于一个医生家庭，父亲是著名的儿科医生，母亲是广东省肿瘤医院的创始人之一。钟南山毕业于北京医学院，1979 年被派往英国进修。当时，由于长期的相互隔绝，英国方面对中国医生的能力很不看好。但钟南山很快改变了他们的看法。一次，为了求证一氧化碳对人体的影响，这个中国医生竟然往自己体内注入高浓度的一氧化碳。

钟南山介绍了那次实验的情况："几天以后，我把这个实验做出来，做了一个非常漂亮的一氧化碳对血溶蛋白影响的曲线，这个曲线证实了我的教授所讲的数学推导有一半是对的，有一半是不对的。"将这样高浓度的一氧化碳注入体内的影响相当于一个小时抽 60 根香烟。为了得到一个准确的实

验结果，没有吸烟习惯的钟南山整整两天没能从床上起来。

■ 钟南山（左）在为市民义诊。

钟南山在进修期间取得了多项重要科研成果。学成回国后，他意外地收到英国导师弗兰德教授的来信，信中说："我和很多学者合作过，但是没有一个像和钟大夫那样合作得那么好，那么有成效。"

奋战在非典一线的运动健将

一个个危重病人从全省各地不断地被送进呼吸疾病研究所，最多时一天就达五六个人。每一个病人送进来，钟南山都要亲自检查，制定治疗方案。为了检查病人的口腔，他甚至把头凑到离病人只有20厘米的地方细细观察。

钟南山的病人梁合东回忆非典期间的情景，印象最深的是当时无处不在的恐惧气氛。"很可能就被感染。"他说。然而在那个艰难的时候，每个病人一醒来就能够见到钟南山。"每次见到他，他都给予鼓励。说熬过这关，顶过去，顶过去就会好的。"当时我们非常相信他。

钟南山大胆采用不循常规的手段抢救病人，他和他的团队很快摸索出一套救治方法，大大降低了非典危重病人的死亡率。然而，病因仍然是个谜。恐慌情绪以比病毒传播更快的速度在扩散。春节刚过，市面上开始出现抢购风潮。面对可能出现的社会混乱，钟南山通过媒体向公众宣布：非典并非不治之症。钟南山实在太忙了，曾经一连38个小时没有合过眼。但不管多忙、多累、多晚，他每天都要到病区看一看。此时的钟南山已经67岁了，如此高强度的工作对一位老人来说，简直不可思议。在广州医学院，钟南山是出了名的运动健将，他喜欢游泳、跑步以及各种球类运动。只要有空，他每个星期都会参加一场篮球比赛。年轻时的钟南山还有过辉煌的运动纪录。在1959年第一届全运会上，钟南山曾以 54.4 秒的成绩打破了男子 400 米栏的全国纪录，他还差点因此成为职业运动员。

在那个困难时期，运动队的生活条件是大多数人所羡慕的。"但是我想我不可能在这方面达到世界水平。所以我就没有选择体育，还是选择了学医。"钟南山笑着说。

战胜非典

寻找病原体的工作迟迟无法取得突破。病毒还在迅速扩散。进入 3 月份后，北京、香港等地相继暴发非典。与此同时，越来越多的医护人员倒在了抗击非典的第一线。3 月 25 日，广东省中医院护士长叶欣不幸殉职，这是我

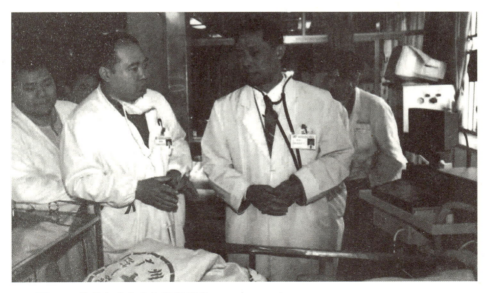

■ 钟南山（左三）视察病房。

国抗击非典战斗中第一位被患者传染而牺牲的医护人员。

到 4 月份，广州呼吸疾病研究所相继病倒了 20 名医护人员，他们其中很多都是一线的医生和护士。面对这样大的危险，钟南山坦然地承认了自己心中的焦虑与压力。在他看来，心理压力远远大于业务压力。"很多病人都是我们的同事、同行，甚至有好几个是呼吸科的主任、教授。这给了我们很大的压力。假如说我们对这些病人不能很有效地治疗，甚至出现死亡，那恐怕我们很难交代。"

尽快寻找到病原体已经成为非典防治工作亟须突破的关键难题。此前，国家疾病预防控制中心曾宣布，确定非典型肺炎的病因为衣原体，但钟南山却否定了这个观点。在他看来，当时主要的问题是病人的生死，而不是一般的学术争论。假如病人无法得到及时治疗，将会有更多的人面临死亡的威胁。

在钟南山的倡议下，寻找病原体的工作开始进行国际合作。4 月 12 日，钟南山牵头的联合攻关组宣布，冠状病毒的一个变种可能是非典型肺炎的真正原因。4 天后，这一结果得到世界卫生组织的正式确认。全球非典防治工作从此进入目标明确的攻坚阶段。两个月后，广州、上海、北京等地曾经进行过一项民意调查，89% 的人认为，钟南山是英雄。抗击非典结束后，到广州呼吸疾病研究所挂号等候钟南山看病的人，已经排到了 4 年以后。

钟南山与灾难的抗争，吹响了文明进步的号角。

我个人仅仅是沧海一粟，真正伟大的是党、人民和我们的国家。

——钱学森

中国火箭、导弹和航天之父
——钱学森

　　他胸怀赤子之心，冒着生命危险冲破层层封锁奔向新中国；他把自己的知识才华全部奉献给了祖国，为祖国筑起立体的钢铁长城。他的功绩永远镌刻在祖国浩瀚的天空……

曲折的归国路

1947 年，刚刚 36 岁的中国科学家钱学森，被美国麻省理工学院聘为终身教授。这是一个很高的荣誉，它预示着钱学森将得到优厚的待遇和远大前程。

美国为什么如此器重钱学森呢？因为他是世界著名航空理论权威、美国研究航空科学最高专家冯·卡门的优秀学生，又是美国加州理工学院航空系主任、著名的火箭专家，是美国国防部最早的火箭研究组织——加州理工学院火箭研究四人小组的核心成员之一，是美国火箭研究的先驱人物。

在冯·卡门的指导下，火箭研究取得了重大进展，为世界反法西斯战争的胜利作出了贡献。在那些艰苦的日子里，钱学森显露出卓越的才能。一项在航空科学史上占有重要地位的航空科学公式，即著名的"卡门—钱公式"诞生了。这是由冯·卡门提出命题，钱学森做出结果，至今仍在航空技术研究领域中广泛应用的一项公式。

然而，当钱学森得知中华人民共和国成立的消息后，这个每时每刻都在想念祖国的科学家，顿时沉浸在极大的喜悦之中。钱学森在美国已经生活了十多年，又被誉为"在美国处于领导地位的火箭专家"，金钱、地位、声誉都有了。可他想：我是中国人，我的根在中国。我可以放弃在美国的一切，但不能放弃祖国。我应该早日回到祖国去，为建设新中国贡献自己的全部力量！他还对中国留学生说："祖国已经解放了，国家急需建设人才，我们要赶快把学到的知识用到祖国的建设中去。"

钱学森准备返回中国的决定，引起美国有关方面的恐慌。他们认为：钱学森的专业技术如果带回去，中国的科学技术将高速度前进。美国海军的一位领导人曾对美国负责出境的官员说："我宁可把钱学森枪毙了，也不能让他离开美国！无论在哪里，他都抵得上五个师。"

钱学森原定 1950 年 8 月 30 日回国的计划受到严重的阻挠。美国官方"文件"通知他，不准离开美国。本来，他的行李已经装上了驳船，准备由水路运回祖国，可美国海关

■ 1955 年 10 月 12 日，钱学森从美国归国到达上海。这是钱学森（右三）和家人在上海家中合影。

硬说他准备带回国的书籍和笔记本中藏有重要机密，诬蔑钱学森是"间谍"。其实，这些书籍和笔记本，一部分是公开的教科书，其余的都是钱学森自己的学术研究记录。一波未平，一波又起。几天之后，钱学森突然被逮捕，关押在一个海岛的拘留所里，受到无休止的折磨。看守人员每天晚上隔 10 分钟进室内开一次电灯，使他根本无法入睡。钱学森的遭遇，引起加州理工学院中坚持正义的同事和学生的同情，在他们和其他正直人士的强烈抗议下，美国特务机关被迫释放了他。

妻子蒋英回忆说："当时把他接回家，问他什么，他摇摇头，又点点头。原来他失声了。15 天之内，体重减了 15 千克。"

可美国当局对钱学森的迫害并没有停止，他们限制他的行动，监视和检查他的信件、电话，还要求钱学森每个月必须到移民局去登记。他不知道这样的日子将会持续多久。尽管有种种限制，但钱学森没有屈服。他不断地提出严正要求：坚决离开美国，回中国去！

在争取回国的日子里，钱学森更加关心祖国的建设事业，经常从《华侨日报》等报刊上了解新中国的情况，和中国科学家、留学生讨论建设祖国的有关问题。为了能够迅速回国，他租房子只签订短时间的合同。家里准备了

■ 1956 年 2 月，毛泽东主席和钱学森同志在中国人民政治协商会议全国委员会于中南海怀仁堂举行的宴会上交谈。

三只轻便的小箱子，天天准备随时可以搭飞机回中国。

五年过去了。钱学森争取回国的斗争得到世界各国主持正义的人们的支持，更得到了中国政府的极大关怀。周恩来总理曾亲自了解他的情况，并指示参加中美两国大使级会谈的中国代表，在会谈中提出钱学森博士的归国问题。

直到 1955 年，在中美大使级会谈上，双方终于就两国平民回国问题达成一项重要协议，美国政府被迫同意钱学森返回中国。随后，钱学森接到通知，对他的管制令撤销，他可以自由离境了。这场外交斗争终于取得了胜利。

临行前，钱学森拿着自己的新书《工程控制论》向老师冯·卡门教授辞行。这位世界著名航空理论权威看完钱学森的新作，诚恳地说："钱，在学术上你已经超过我了。"谁能想到，这部著作是钱学森在五年的软禁中完成的！

1955 年 9 月 17 日，钱学森终于踏上了归国的旅途。

随同钱学森一家漂洋过海回到祖国的，还有一架三角钢琴。这是 1947

年结婚时，钱学森送给妻子蒋英的礼物。在美国被软禁的五年中，正是蒋英的琴声和歌声，陪伴他度过了那段阴暗的日子，而那些跃动的音符也浸入到了他的著作中，在《工程控制论》的首页，钱学森写下了"此书献给我的妻子英"。

临危受命

1955 年 10 月 8 日，44 岁的钱学森终于踏上了祖国的土地。这一天，被很多科学家视作中国航天事业的发端之日。从此，钱学森这个名字，便与中国航天、与民族尊严紧紧地连在了一起。

到达北京的第二天清晨，钱学森就和妻子带着两个孩子来到天安门广场。他激动地说："我相信我一定能回到祖国。现在，我终于回来了！"

回到祖国后的钱学森，脱下西装，换上了中山装。从此，他再也没有穿过西装。也许钱学森并不知道，他的归来，使新中国的导弹研制计划提上了议事日程。

在钱学森的早期录像中他谈到："一天，有人突然通知我说，今天晚上你到哈尔滨军事工程学院，院长陈赓大将要会见你。我去了。谈着谈着，陈赓就问我，中国人搞导弹行不行？我那个时候正憋着一肚子气呢，中国人怎么不行啊？我回答得很干脆，我说，外国人能搞的，难道中国人不能搞？中国人比他们矮一截？陈赓大将听后非常高兴，他说好极了，他就要我这句话。"回国不到半年的钱学森，对发展我国的导弹事业提出了长远规划。同年 10 月，他受命组建我国第一个火箭研究院——国防部第五研究院，并出任院长。

在当时的中国，钱学森是为数不多的掌握火箭知识的科学家。而此时的中国，在导弹研究方面还是一张白纸。

1960 年，就在我国仿制导弹工作进行到关键阶段的时候，苏联撤走了全部专家，并带走了最重要的图纸。党中央、国务院果断决定要自力更生，

■ 1989 年 10 月 1 日，邓小平同志和钱学森同志在国庆招待会上。

一定要争口气，把自己的导弹搞出来。

钱学森亲自为大家编写教材，把很多关键的词语直接翻译成中文。1960 年 11 月 5 日，仿制导弹"东风"一号发射成功。

一次次震惊世界

1964 年 6 月 29 日，"东风"二号导弹顺利发射。这是完全由我国自行设计研制的第一枚中近程导弹。三个月后，大漠深处又成功爆炸了中国的第一颗原子弹。当时的西方媒体，一方面对中国取得的进步感到震惊，另一方面又嘲笑中国无法将原子弹装上导弹，是"有弹无枪"。

实现导弹、原子弹两弹结合，使中国拥有真正意义上的导弹核武器的艰巨任务，摆在了钱学森的面前。

1966年10月27日，罗布泊的巨响震动了全世界——中国的两弹结合试验成功，中国拥有了真正的核武器。外电纷纷评论：中国闪电般的进步，像神话一样不可思议！

神话仍在延续。

1970年，中国第一颗人造地球卫星"东方红"一号升空，使我国成为继苏、美、法、日之后，世界上第五个使用国产火箭发射国产卫星的国家，这是钱学森和他的同事们为中国航天事业作出的又一大贡献。

在探索的道路上永不停止

"神舟"一号飞船模型，是钱学森最喜欢的礼物。

早在回国初期，钱学森就曾提出要把载人航天的锣鼓敲起来。

"两弹一星"的研制成功，为我国的载人航天工程打下了坚实的基础。中国的航天队伍也磨炼成熟了。上个世纪的最后一个冬季，中国第一艘无人飞船——"神舟"一号飞船顺利发射。载人航天工程首任总设计师王永志说："在钱老88岁生日的时候，送给他一个什么礼物呢？我想他最关心的就是载人航天的第一步走得怎么样，所以毫不犹豫地送给他一个'神舟'一号飞船的模型。"至今，这份礼物还被摆在钱老床对面书架上最明显的位置上。

在钱学森的穿越时空的目光当中，中国的载人航天

■ "东风"二号导弹。

■ 中国第一颗原子弹爆炸。

■ "长征"一号火箭。

■ "东方红"一号卫星。

111

事业飞跃太空。"航天员"，就是钱学森给中国的飞天英雄取的响亮名字。

晚年的钱学森，依然没有停止在科学研究道路上的探索。在他最后一部著作《创建系统学》里，人们惊讶地发现，钱学森晚年所做的研究工作，目标瞄准的是 2049 年，这一年，将是中华人民共和国成立 100 周年。

他与祖国共命运的人生轨迹，光耀祖国的天空。

■ 杭州二中滨江校区的学生们在学校广场上点燃蜡烛，缅怀著名科学家钱学森。

我一生最大的愿望就是让人类摆脱饥荒，让天下人都吃饱饭。

──袁隆平

梦想的种子
──袁隆平

1964 年 7 月 5 日下午 14 时 25 分，是一个可以载入中国农业科技史册的时刻，一株雄性不育野生稻最终被发现，这株野生稻被称为野稗。

经过人工授粉，水稻终于结出果实，为杂交水稻育种试验找到了最初的物质基础，开启了杂交水稻神秘王国的第一扇窗。

■ 袁隆平（站立者）在仔细观察水面无土种植水稻的生长情况。

饥饿激发的梦想

1960 年的夏天，湖南安江的稻田里，一株水稻让过路的青年教师停下了脚步，这株水稻穗大粒多，随风摇曳在层层稻田里，显得鹤立鸡群。

偶遇，瞬间激发了青年教师的灵感，从这一刻起，中国的稻田里便上演了一段历经半个世纪的传奇。这位青年教师叫袁隆平，那一年，他 30 岁。

袁隆平说："发现有一株水稻长得特别好，鹤立鸡群，穗头很大，籽粒饱满，整整齐齐，我如获至宝，就把它收回来啦。第二年我就小心翼翼地种了 1000 多株，天天去看，就是'望品种成龙'啊。"

这是袁隆平从事的第一次水稻栽培试验，他培育的品种是野生杂交水稻，这次试验最终失败了，但袁隆平并没有气馁，他开始寻找失败的原因。

1961 年正是三年困难时期，守着农业试验田的袁隆平照样吃不饱饭。

袁隆平回忆道："那个时候非常惨，我看到过五个饿死的人，真是路有饿殍啊！我看见两个人倒在路旁边，两个人倒在桥底下，一个人倒在田埂上，那都是饿死的。"

饿肚子的滋味深深地刻在了袁隆平的脑海中，那时候他总是吃不饱，刚刚吃完饭，肚子又饿了，一天到晚就想吃饭。饥饿的袁隆平反复做着一个梦，他梦见自己培育出了一株超级杂交水稻，它长得比高粱还高，稻穗比扫把还长，谷粒有花生米那么大。饥饿和美梦伴随着袁隆平科研的起步。

尽管这仅仅只是梦境，袁隆平还是对杂交水稻试验情有独钟。1961 年夏天的那次野生杂交水稻培育的失败，让袁隆平把目光转移到了其他作物上，他要从其他作物上找到突破口。

向经典理论发起挑战

袁隆平说："我们把番茄嫁接在马铃薯上面，下面结马铃薯，上面结番茄，这多好啊。第二年我把番茄种子种下去，还是番茄，下面根本没有马铃薯，马铃薯种子种下去也没有番茄，后来我才恍然大悟。我说我是迷途的羔羊啊，还跟着苏联的李森科去搞那些不切实际的东西的话将会一事无

■ 这位 80 多岁的老农看到袁隆平（左）来了，急忙放下手中的活儿，高兴地说："今年我家种的四亩杂交稻亩产一吨粮。"

■　袁隆平（右）向外国专家介绍杂交水稻的优势、生长情况和栽培技术。

成。于是我进而研究摩尔根的遗传学，那才是真正的科学。"

　　袁隆平又一次失败了，但这却让他向真理又迈进了一步。他再一次向杂交水稻培育领域进军。

　　其实，早在袁隆平从事水稻杂交试验之前的上世纪 50 年代，苏联科学家曾经得出一条定律——"水稻等自花授粉作物没有杂交优势"，这在当时是国际公认的经典理论。袁隆平向这条经典理论发起了挑战。

　　要想让水稻在实验室里完成杂交，必须要找到一种自身雄花不能授粉的品种，雌花才能接受来自异株的花粉，这样的品种在自然界中存在的概率极低，幸运之神会眷顾袁隆平吗？

用科学之手完成水稻杂交

顶着烈日，冒着寒风，袁隆平在稻田里执著地寻找着。这是对科学信念和意志力的双重考验。一天天、一年年过去了，始终没有找到需要的品种，执著的袁隆平也不免心生怀疑。

袁隆平说："这叫做必然孕育于偶然之中啊，野稗的发现为杂交稻的研究成功，也就是为三系配套成功发挥了关键作用。"

在发现野稗的基础上，袁隆平进行了艰苦的科学试验。袁隆平回忆道："第二年，的确有一些杂交株表现得非常好，有优势，于是我就下定决心，要利用水稻的杂交株的优势，培育杂交稻。"

袁隆平看到了成功的希望，他决心把安江作为自己杂交水稻的试验基地。安江是个神奇的地方，它是一块盆地，某些有利于生物成长的稀有元素相对集中，从而导致生物变异，使禾稻变得高产，水果独具奇香。这里是世界罕见的生物物种遗传变异活跃区，为杂交水稻培育提供了天然的温床。

伴随着杂交水稻的诞生，袁隆平人生中的第一篇论文在"文革"前的最后一期《科学通报》上发表了。

不久，1966年，"文革"爆发，在一片红色海洋中，袁隆平坚守着绿色的梦想。他和几位志同道合者悄然组建起杂交水稻研究小组。

用执著的守候换来沉甸甸的收获

有播种必有收获。1976年，杂交水稻开始在中国大面积推广，产量比常规稻增产20%，袁隆平成为世界上第一个将水稻杂交优势成功应用于生产的人。这项科研成果让中国人看到了彻底摆脱饥饿的希望。

1995年，在三系水稻的基础上，袁隆平研究的两系水稻诞生。2000年，

超级杂交水稻实现百亩示范片亩产700千克的第一期目标，2004年，实现亩产800千克的第二期目标，现在正在朝着亩产900千克的第三期目标前进。袁隆平创建了一门系统的新兴学科——杂交水稻学，他让中国的杂交水稻研究领先美国20多年。

袁隆平的科研成果不但让中国人摆脱了饥饿，而且对整个人类都作出了贡献。据统计，到2008年，中国累计推广种植的杂交水稻全年增长的稻谷产量，可以养活7 000多万人，这个数字相当于全世界每年的新增人口。

可以说，袁隆平终于圆了他年轻时的超级杂交水稻之梦。袁隆平说，自己把亩产900千克的超级杂交水稻的名字都想好了，就叫它"瀑布稻"。

要把全国各地都建设成为乐园，不是我们青年人去做，那让谁去做呢？

——彭加木

永不消逝的脚印
——彭加木

　　1980年6月17日，中国罗布泊科学考察队队长彭加木失踪。很快，内容为"彭加木，你在哪里"的电报就从新疆发出，传进玉门关，传到中南海，传遍全中国，他的失踪牵动了亿万人的心……

■ 在 1964 年 3 月召开的上海科学技术工作会议的小组讨论会上，彭加木（右）正在谈他学习毛主席著作、攀登科学高峰的壮志。

要为边疆"添草加木"

彭加木本名彭家睦，1956 年，当时担任中科院上海生物化学研究所研究员的他，在得知中科院将组织人员去新疆调查资源时，他的心活动起来。本来已做好准备到莫斯科学习核磁共振技术的他，给郭沫若院长写了一封充满激情的信，信中说："我志愿到边疆去，这是夙愿。我的科学知识比较广泛，体格坚强。面对困难，我能挺起身子倔强地抬起头来往前看……我具有从荒野中踏出一条道路的勇气！"

在决心书中他把自己的名字"家睦"改为"加木"。他说，他要跳出小家庭，到边疆去，为边疆"添草加木"。一时间，彭加木成为年轻人去开拓边疆荒原的榜样。

在彭加木生前的资料中，留有这样一段音频，从这里我们足以看到彭加木当年的决心和勇气："北京和上海地区可以算是地上的乐园了。我们中国那么大，只有上海、北京那样两个乐园还不够，远远不够。全国各地都要成为地上的乐园。要把全国各地都建设成为乐园，不是我们青年人去做，那让谁去做呢？"

"就算死在罗布泊，也要用肉身为罗布泊增加一点儿中国的有机质"

但是他的乐园藏在罗布泊的什么地方呢？罗布泊这个丝绸之路的咽喉要道吸引了世界上许多著名的探险家，而中国人自己的脚步却迟迟

■ 彭加木生前在上海生物化学研究所做实验。

没有出现在这里，罗布泊虽然在中国，但是对它的研究却一直在国外。彭加木立志要改变这一切。在日记中他曾经这样写道："就算死在罗布泊，也要用肉身为罗布泊增加一点儿中国的有机质。"

可就在彭加木向郭沫若院长夸口"体格坚强"后不到一年，在工作中突然晕倒的他被检查出患有恶性肿瘤。彭加木被医生告知只能存活三个月，彭加木没有选择放弃，他开始积极地配合治疗，医生先后为他填写了两张"死亡通知单"，最终一张都没有生效。

出院之后，彭加木又坐上了西去的列车。1964 年、1979 年彭加木两次到罗布泊外围进行科学考察，发现了大量的钾盐、稀有金属和重水等重要资

源。1980 年，制定了详细科考方案的彭加木带着全部的热情第三次来到罗布泊，经过 28 天的艰苦跋涉，6 月 5 日，科考队实现了一个壮举：中国人自己组队第一次穿越罗布泊核心地带，打破了"无人敢与魔鬼之湖挑战"的神话。

正当队员们兴高采烈地准备回家时，彭加木却出人意料地提出，利用剩下的 20 多天，再次返回罗布泊，深入科考，同时开辟另外一条穿越罗布泊的道路。

科考队预计返回罗布泊的行程大约为 800 千米，顶多需要七天时间，因此只携带了七天的水、油及食物的补给。但是三天之后，科考队才行进了 150 千米，大家不得不停下来重新评估前进的风险。此时，燃油已所剩无几，保存的水也开始变色发臭。大家决定向最近的解放军部队基地求救。但彭加木向队员们表示，部队用直升机送水得花费六七千元钱，喝这样的高价水肚子不疼，心疼。为什么不试试自己去找水呢？

■ 1979 年 11 月，彭加木（右一）和新疆科技人员一道在罗布泊地区进行科学考察。

彭加木，你在哪里

6月16日夜晚，在大多数队员的回忆当中，彭加木的确没有回到帐篷里和大家一起休息，他独自一人，面对莫测的罗布泊，究竟想了些什么，做了些什么，无人知晓。17日12时，驾驶员王万轩打开汽车车门时，发现了一张用铅笔写的字条："我往东去找水井，彭。6月17日，10点30分。"

中国科学院新疆分院副院长彭加木（左二）和科研人员在罗布泊地区进行科学考察。

著名科学家彭加木在罗布泊考察时失踪

新疆维吾尔自治区党委和政府等极为关心，乌鲁木齐部队和空军派出十多架飞机和一支地面部队寻找，至今无音讯

关于彭加木失踪的报道。

队员们一路向东追去。前面出现了一串脚印，正是彭加木留下的。慢慢地，柔软的沙地变成了坚硬的盐碱地，脚印越来越淡，慢慢消失了！

太阳落山了，罗布泊的夕阳依然十分美丽，天连着地，地接着天，空旷无人的天地间，只剩下一抹如血的残阳，寂寞地照射着这片神秘的大地。

123

■ 中国科学院新疆分院向彭加木失踪地的墓碑献花。

彭加木，他在哪里呢？

党中央、国务院在得知彭加木失踪后，马上告知中国科学院领导与新疆取得联系，立即派出飞机配合地面进行搜寻。中国历史上规模空前的一次救援行动，就这样在罗布泊的荒原上展开了，但是人们所能找到的，只有彭加木留下的那些孤独的脚印。

1980 年的这次科考采集了众多的生物和土壤标本、矿物化石，为我国综合开发罗布泊作了前瞻性的准备。

彭加木走了，他跋涉荒原的脚步戛然而止，但他志在为边疆"添草加木"的豪情，他从荒野中踏出一条道路的勇气，他投身科研事业的扎实足迹，都深深印刻在人们的心底。

世界充满了未知，探索的脚步永远不会停歇。

　　一个人总应该有信仰，人活着不能只为自己过好生活，而要为社会负责。

——蒋筑英

追光的人
——蒋筑英

　　1962年9月，北京大学物理系56级光学班毕业时，全班同学在校门口留影。相貌清秀的男生蒋筑英站在后排，那年他24岁，风华正茂。56级光学班的学生特别刻苦，那时的物理系本科都要读五年。毕业在即，欢乐的同窗生涯即将结束，大家面临着毕业分配的抉择。

■ 蒋筑英研究生毕业证。

艰难的抉择

蒋筑英的家在风景如画的杭州。毕业分配工作，他却要求到东北长春去。这让病重在家的老母亲难以接受。

说起这个选择，蒋筑英的妹妹蒋建雄至今还不能完全理解哥哥的心思，她哽咽着说："我妈妈非常希望他能回到杭州工作。他却越走越远了，到长春去了。当时我不理解，我妈妈就希望他北大毕业以后回到杭州工作，或者去上海也行啊，但是妈妈的话他没听。"

当时，正是中国三年困难时期，北方比南方更艰苦。蒋筑英的同班同学张知廉说："蒋筑英决定考王大珩的研究生，他考虑得更多的是事业，为了事业他做了最好的选择。"王大珩是中国光学第一人。20 世纪 50 年代他在长春建立了中国最大的光学研究生产基地。师从王大珩是蒋筑英内心最大的愿望。

1962 年，蒋筑英告别家乡杭州，告别日夜牵挂他的老母亲，考上了王大珩的第一个研究生。

求学以报国

■ 蒋筑英在给孩子们讲故事。

光学是一个历史悠久的基础学科，它对勘探、天文、国防等都有着至关重要的作用。而在上世纪50年代，中国的这项科学研究还是一片空白。蒋筑英的研究就是对制作光学镜头的仪器进行检测。

导师王大珩对这位新来的研究生非常重视，对他精心培养。当时，国家在光学方面急需的就是传递函数测试仪。王大珩把这个研究课题交给了蒋筑英。

传递函数测试仪是测试摄像机、照相机镜头质量的重要设备。两年后，在王大珩的指导下，蒋筑英带领的四人小组，研制出我国第一台光学传递函数测量装置，达到了当时国外同类装置的水平。那一年，蒋筑英只有26岁。

但随后，"文革"爆发，实验暂停，科研小组被迫解散。蒋筑英因为所谓的家庭问题受到严重排挤。

命运的转折

1938年，蒋筑英出生在贵阳，七岁随父母去杭州生活。1952年的一个夏日，正在上中学的蒋筑英突然发现爸爸从家里消失了，在当时的特殊情况下，父亲被错判去劳动改造，这一去，连过年都不能回家。一家七口的生活重担一下子落在了母亲和长子蒋筑英的身上。

20世纪50年代,"劳动最光荣"是社会上流行的一句口号。但蒋筑英感到,靠母亲没白天没黑夜地糊火柴盒不能改变这个家的命运,只有掌握知识未来才有希望。三年后,蒋筑英这个被称作"黑五类"的穷孩子考上了北京大学,还读上了当时最热门的物理系。

1956年是蒋筑英最幸运的一年。据孙骑亨回忆,1956年国家号召"向科学进军",北大招生的时候,像家庭出身、家庭关系等对录取的影响比较小,更重视学生的学习成绩。

就在这一年,蒋筑英离开家乡来到了北京,开始了他快乐的大学生活。学校为他申请了全额助学金,这个江南才子完全沉浸在北大的学术氛围和知识的海洋之中,拼命汲取营养。

蒋筑英是物理系出名的学生。孙骑亨说:"蒋筑英在我印象中最大的一个特点是,不管是学习当中碰到的问题,还是在实验室里研究工作碰到的问题,他都一定要把它啃下来。一个问题如果没有解决,他就一直钻研下去。"1966年,蒋筑英完成了专业光学研究人员必需的本科和硕士教育,留在长春光学精密机械研究所工作。

■ 蒋筑英在读书。

追光的人

然而,蒋筑英没有想到的是,"文革"的政治运动颠覆了他心神向往的学术研究环境。1967年，蒋筑英又收到老母亲病逝的消息。在种种打击下，蒋筑英依旧在家中14平方米的小房子里，继续进行摄像机变焦镜头及照相机镜头的研制，对光学检测装置进行进一步的研究。

蒋筑英的妻子路长琴说："'文革'的时候，很多人都不注重学习文化知识，而蒋筑英却觉得还应追求知识。他说你看人家国外，还是注重科技发展。别人不学，他学。"

1978年3月，全国科学大会召开。中国知识分子终于迎来了命运转变的春天。蒋筑英开始受到单位的重用，1979年、1981年两次被派往欧洲学习。

路长琴说："十一届三中全会以后，他每天都非常高兴，他觉得沉重的包袱已经卸下来了。"

1980年，蒋筑英来到当时的西德地外物理研究所实验室。他这时已经是业内有名的镜头检测专家了。

就在此前，蒋筑英帮外贸部门检测进口相机和投影仪，查出了镜头的很多质量问题。当外贸部门拿着蒋筑英写的检测报告向外商索赔时，外商被检测报告的专业水准折服了。

蒋筑英那流畅准确的外语表达，也让外商刮目相看。那次谈判，蒋筑英为国家挽回了10万多美元的外汇损失，维护了国家的尊严。

积劳成疾 突然辞世

1982年，长春光学精密机械研究所成立30周年。这一年里，蒋筑英日夜忙个不停，为的是尽快建立一个全国一流的大型实验室。同事们眼看着蒋筑英高大的身形在日复一日的忙碌中日渐消瘦。

蒋筑英的同事冯秀恒回忆道："我爱人经常问老蒋最近你咋这么瘦呢，脸色也不好，是不是有点儿啥毛病啊？他总是指指右肋说就是那儿有点儿疼。"

就在实验室即将投入使用，蒋筑英一家也将团聚时，悲剧却悄然而至。1982 年 6 月 15 日晚，在成都出差的蒋筑英，由于过度劳累突发多种疾病，医院多方抢救无效。当晚，他那颗追求光明的心永远停止了跳动，年仅 44 岁。导师王大珩听到这个消息痛惜不已："我很想提他做我的接班人。他的离去对我来说，是一件非常遗憾的事情。"

蒋筑英的猝死震惊了整个中国学术界，人们痛惜他的英年早逝，并由此引发了社会各界对知识分子待遇的大讨论。

就在一年前，蒋筑英收到一封家乡的来信。父亲终于被证实无罪，蒋筑英积在胸中 24 年的委屈终于一吐而尽。然而蒋筑英还没来得及与刚刚平反的父亲重逢，就告别了人世，而他的父亲竟然是在儿子的葬礼上才第一次与儿媳、孙子、孙女见面……

20 多年过去了，长春光学精密机械研究所已经成为中国现代化的光学科研基地，中国制造的光学望远镜和摄像机镜头也已在太空拍下了地球、月球清晰的画面……

■ 宣传蒋筑英事迹的连环画。

一个人可以没有文凭，但不能没有知识和技能。

——窦铁成

农民出身的"工人教授"
——窦铁成

窦铁成，一个只有初中文化的普通工人，通过自己不断的努力学习，成为一名电务高级技师，并为所在单位培养出众多优秀的工人。他是当代工人楷模、中国中铁一局电务公司的金牌工人。

令外国专家惊叹的"老革命"

2002年12月，连接中国南北的交通大动脉——京珠高速公路粤境北段大桥交工前进行投送电实验时，一个变压器的空气开关出现不断跳闸的现象，这可能会导致整个电力系统瘫痪。设备来自几个发达国家，问题的源头一时无法查清。这时，大家把目光都投向了一位在场的老工人，人们都叫他"老革命"。被称为"老革命"的人是窦铁成，迄今为止他在中铁一局已经工作了30多年，是一线工人中年龄最大的一位。在中铁一局电务公司，有三分之二的人是窦铁成的徒弟，从大学生到农民工共有308人。就是这样一位"老革命"，人们以能当他的徒弟为荣。

窦铁成的徒弟张丽说："他干起工作来，跟疯了一样，从来不知道累，从来不知道苦。"

窦铁成的徒弟吕春说："他做事没有一点含糊，处处都要求严谨，所以大家都叫他'老革命'。"

跳闸问题亟待解决，窦铁成开始检查线路，经过勘察和计算，他认定问题出在法国设备的参数和其他设备不符，到场的法国专家怎么也不肯相信。

法国专家坚持认为他们的设备质量没有问题，而外国的设备运到咱们这儿，是不允许咱们动的。

要想让法国专家相信自己的设备出了问题只能进行检测试验，但有些试验属于破坏性试验，无论成功与否，都将造成设备不能继续使用。

窦铁成说："我们通过翻译开始交流，虽然语言不通，但是他们认识阿拉伯数字，当时我把那些东西写下来让他看。结果成功了，这个法国专家感到很意外。"

窦铁成精准的推算令外国专家惊叹不已，他们不敢相信这名中国工人仅有初中学历。

结婚三十三年 团聚不过三年

1956 年，窦铁成出生在陕西蒲城一个知识分子家庭。"文革"期间，因为父亲的家庭出身问题，他们全家被下放到农村。13 岁的窦铁成也因此辍学，在家务农。

■　窦铁成与妻子的结婚照。

窦铁成说："虽然没有上过学，但在农村所有的农活儿我都跟着学，包括一些先进的农业技术我也学。"因为有一些文化基础，窦铁成不只干农活儿，也在村里干些力所能及的技术活儿，比如帮老乡接个灯或维修一下电路等。

1973 年，窦铁成和村里姑娘杨华芳相爱了。四年后，他们组建了幸福的家庭。

■　窦铁成与妻子女儿在一起。

1979 年，中铁一局电务处招工，为了给家里增加收入，懂点技术的窦铁成离开农村，来到中铁一局，那年他的大女儿还不满周岁。窦铁成的妻子杨华芳回忆道："记得他走的时候，大女儿刚学会叫爸爸妈妈，等他回来的时候，娃娃管他叫叔叔，就不叫爸爸了。"

■　窦铁成（左）在整理业务数据。

面对已经不认得爸爸的女儿，窦铁成感到满心的愧疚，可是工作还要继续，很快他又奔赴京秦铁路建设工地去了。

想家的时候，窦铁成会一个人吹笛子来寄托思念。结婚33年，他与妻子团聚的日子不超过三年，家庭的重担都落在了妻子的身上。每年只有夏收和秋种的时候窦铁成可以回家帮忙，孩子们对父亲的记忆也只有不断寄回家的奖状。

杨华芳说："老大那时候见着他还叫一声，老二见到他就是一声不叫，老三嘴甜，但好像觉得他是多余的。"

虽然女儿们和父亲在一起的时间很少，但却继承了父亲身上那股拼劲儿，如今他的大女儿、二女儿已经研究生毕业，小女儿也考上了大学。

最宝贵的是态度

刚到中铁一局时，窦铁成跟着师傅打下手、递工具，但人家还是看不起这个来自农村的小伙子，连装电表都不让他看。从那时起窦铁成就暗下决心，要学好技术，做一个有知识、有能力的人。

■ 窦铁成的准考证。

后来窦铁成考取了中铁一局电力技术培训班，以全班电力考试第一名的成绩毕业。

长年的野外作业，风吹日晒，窦铁成身材干瘦，脸色黝黑，那是岁月打磨的痕迹。

窦铁成的徒弟吕春说："大项目工程都需要加班加点，我们几个人跟着窦师傅，辛苦是难免的，一天 24 个小时，我们得有十七八个小时在施工现场加班。他教给我们的最珍贵的东西不是传授我们多少技术、多

■ 工人们在高空作业。

少技能，而是他对工作的那种态度，对生活的那种态度，还有他那顽强的意志力。"

　　长期的劳累使窦铁成经常背部痉挛，晚上睡觉都翻不过身来。但他从不因病痛影响工作，对待每一项施工任务，总是做到精益求精。

　　30 年间，窦铁成参与了国内几十个重大铁路、公路的电力工程建设，在西延线的山坡上被扎得满身是刺；在精伊霍铁路上用冰山融化的水煮饭；在丰准铁路的隧道里用从岩石缝里渗出来的水泡面。窦铁成和他的工友们就是在这种条件下建成了连接祖国大江南北的一条条公路、铁路。

将热量辐射到更多人身上……

　　当学徒时曾遭到过别人白眼的窦铁成，从不吝惜将自己的技能教给徒弟，他认为只有大家都懂了，整体的技术水平才能进步，很多徒弟都是窦铁成手把手教出来的。

　　他的徒弟张丽说："师傅总说知识、技能师傅都可以教给我们，只要我们需要。师傅还经常鼓励我们说，他就喜欢年轻人学习的样子。"

　　在教徒弟的过程中，窦铁成也在不断学习。这些年，窦铁成家中不仅有

成堆的奖状，还有上千本书和七十多本共计 130 多万字的工作笔记。他学会了 CAD 电脑制图，并将自己多年来记录的笔记和新型的制图方法结合，编写了一本 30 万字的电力技术图书，他被人们称为"工人教授"。

农民工作为这个社会中一个庞大的群体为城市的发展做着巨大贡献，但同时他们也遭受着一些歧视，对此农民工出身的窦铁成深有体会。窦铁成说："现在社会上对农民工有些偏见，但这不应该成为困扰自己的障碍，因为一个人必须要自立，自强。"

2008 年，中铁一局在全国各地创办铁成业校，以窦铁成精神鼓励更多的农民工。目前已有 161 所铁成业校开课，共培养了 22 800 名农民工，他们中的很多人也和窦铁成一样通过考试成为正式工人，奋战在祖国的交通建设战线上。

窦铁成说，他喜欢看高高耸立的电力铁塔，遍及祖国辽阔大地的一座座铁塔，像一个个大写的"人"字，支撑着国家的交通电力事业。

窦铁成的成功让我们看到在一个普通劳动者的身上闪耀着的中国人民的智慧。

我们要让更多的人体验莫高窟的价值，更好地发挥它的社会效益。

——樊锦诗

敦煌的女儿
——樊锦诗

大漠深处，风沙雕刻着莫高窟的容颜，她的青春已在这里焕发了上千年，而守护敦煌的女儿，却已是个头发花白的老人……

40 年"青春"依旧

■ 青年时期的樊锦诗与丈夫。

40 多年前,樊锦诗是一个刚到莫高窟的北京大学学生,雕塑家以她为原型创作了一座名为《青春》的雕塑。樊锦诗说:"可能他想塑一个女孩子吧,我是个女的,又刚从学校毕业,从这个客观条件上讲可能很符合他的要求。"

25 岁那年,樊锦诗从北大历史系毕业,被分配到敦煌莫高窟。生在北京、长在上海的她,从小身体羸弱。面对大漠戈壁,住土房吃杂粮,樊锦诗苦不堪言:"晚上没电灯,房子里没自来水,房子是土块的,门都是透风的,也没有卫生设备,生活条件跟我们在北京、上海的反差太大了。"

可这荒凉的戈壁,却深深吸引着这个年轻人。樊锦诗说:"你只要一进洞,就会觉得这个洞美不胜收,越看越有味儿,每一个都不一样,太好了,太好看了,太有意思了。"

正是这些幽闭的洞窟,穿越了千年历史,汇聚无数稀世珍宝,灿若星河,大放异彩。

男的跟着女的走

大学时代,樊锦诗和她的同学彭金章相恋,毕业时他们一个被分配到莫高窟，一个被分配到了武汉大学。一年后，彭金章千里迢迢来到敦煌看望樊锦诗。他发现恋人变了。

彭金章说："她变土了，就是变成了敦煌的人了。住的是那个样子，吃的是那个样子，哪像上海人，哪像在北京读书时候的样子。"

1967 年，樊锦诗与彭金章在武汉结婚。第二年，他们的第一个孩子在敦煌出生了。忙于工作的樊锦诗只能把孩子留在家里。樊锦诗回忆道："当时一看孩子，也很心疼，哭得眼泪一把鼻涕一把的……没人管他嘛，哭了好长时间。还有几次孩子从床上翻下来，后来我把被子挡在床边上，可他还是动不动就会掉下去。"

这样的经历很多，可此时的樊锦诗，已经深深爱上了敦煌。她发挥自己考古专业的特长，先后牵头完成了莫高窟北朝、隋以及唐代早期分期断代的研究工作，这一批学术成果至今仍然深深影响着敦煌石窟考古的研究领域。

分隔 23 年之后，彭金章最终放弃了他在武汉大学创办的考古专业，一家人在敦煌团聚了。他笑道："按照过去的老传统，都是女的跟着男的走，但是我跟着她，这怕什么呢。"

莫高窟的前世今生

那时，正是莫高窟申请世界文化遗产的关键时刻，樊锦诗正在起草申报材料，所以虽然家人到了身边可她也顾不上了。彭金章说："她工作忙起来就好像啥病都没有了，实际上，她

■ 敦煌石窟艺术。

咳嗽得很厉害。"

樊锦诗知道，自己身上背负着怎样的历史。100 多年前，看守莫高窟的道士王圆箓无意中敲开了敦煌宝库的大门。藏经洞的发现引来了各国的探险

家，他们以很小的代价从王道士手中换得了大量珍贵文物。当时的中国内忧外患，清政府无暇顾及敦煌，数万卷珍贵文书流散海外，至今仍保存在英、法等国的博物馆内。文明的开掘演变成一场文化的浩劫。"敦煌在中国，敦煌学在国外"成了那个时代中国学者的难言之痛。

■ 敦煌石窟九层楼古建筑修缮一新。

经过樊锦诗等人的努力和争取，终于，敦煌莫高窟以全部符合 6 项遴选标准，入选世界文化遗产。

樊锦诗感慨道："这么高的价值，这么精美的艺术，谁看了都震撼的这么一个莫高窟，越做越觉得我们不能随便动手，要对它始终保持一种敬仰、一种敬畏之心。"

敦煌文化的保护与传播

怀着赤子之心，樊锦诗意识到，保护敦煌文化任重而道远。继常书鸿、段文杰之后，60 岁的樊锦诗成为敦煌研究院第三任院长。可是刚当院长两年，她就遭遇了一次巨大的挑战：有人提出，为了加大旅游开发，要把莫高窟上市。

樊锦诗说："我的理解这就等于是拿敦煌石窟艺术去做买卖了，我甚至

有一点联想，这对我来说成了出卖了，是不是我也成了王道士了，这可是罪人啊，那后果一定是破坏。"

后来，又有学者提出要进行封闭保护。

樊锦诗又一次反驳："我们不能阻挡群众观看。人们应该享受到这样珍贵的、杰出的文化遗产、成果，应该欣赏它的价值、它的精美。但如果我们要限制，这个不讲道理。"

日出三危，日落鸣沙，沙漠中的这个艺术瑰宝，怎样才能经得住时光的雕琢？樊锦诗的眉头始终没有舒展过。终于，日新月异的数字技术，让这个满头白发的老人眼前一亮。

樊锦诗曾设想，能不能像搞研究那样，不进洞，在洞外的电脑里去看洞内的东西。这促成了后来莫高窟史上最大的保护工程——"数字敦煌"建设。

2003 年初，全国政协委员樊锦诗联名其他委员提交了一份提案，最终促成了巨额投资的莫高窟保护利用工程。敦煌研究院当之无愧成为世界敦煌学的研究中心。

樊锦诗说，国家的命运决定了莫高窟的命运，国家独立了，国家强大了，国家发展了，我们的文物也得到保护了，真有一种扬眉吐气的感觉。

有一种青春永不退色

不知不觉中，樊锦诗和丈夫彭金章成了生活在莫高窟年龄最大的老人。敦煌研究院文物保护研究所所长苏伯民说："樊锦诗院长从来不知道疲倦，好像她把自己全部的身心跟敦煌的工作和敦煌的事业完全融为一体了，她的生命就是敦煌的事业。"

樊锦诗感言："一些老先生，像常院长、段先生，他们刚来这儿的时候，有的比我还小，20 岁左右。来了以后，一辈子默默无闻，还是一丝不苟地画。这就是他们生命中最重要的一部分，如果他们没有这一部分，他们就没支撑

141

■ 2008 年 7 月 22 日，敦煌研究院院长樊锦诗（前）在 2008 年敦煌艺术大展上为来宾介绍。

了，而且在画的时候，他们实际上是跟古代的艺术家在交流。所以说震撼在哪儿呢？奥妙在哪儿呢？感到神秘，神秘在哪儿呢？就是他们的工作，就是他们的青春，他们的年华，一点一点的。现在他们都年老了，80 岁、70 多岁了，还想着敦煌，还要回来。他们觉得，这是他们真正的家。"

敦煌的儿女们渐渐老去了，而一代又一代的年轻人，仍在这里延续着他们历经沧桑的青春。

在匆匆流逝的时光中，这种青春永不退色。

　　2009 年，大型纪录片《感动中国人物志》在全国各省级电视台热播后，受到各级领导和观众的好评。李长春同志做出重要批示，建议将其作为大中小学思想政治课、语文课、历史课教学的辅助教材，以及基层党支部党员教育教材，通过全国文化信息贡献工程传播到全国各个角落。

　　为了更好地落实长春同志的指示精神，配合中央关于建立社会主义核心价值体系的要求，让《感动中国人物志》中的英雄模范人物通过别样载体走进万千读者的内心世界，新华社电视节目中心、黑龙江出版集团、黑龙江少年儿童出版社通过精心策划，形成了《感动一个国家的人物》系列丛书选题出版计划。2010 年，该选题获得国家出版基金项目的支持，被新闻出版总署作为对青少年进行社会主义核心价值体系教育的出版范例向全国推荐。

　　作为思想教育读物，《感动一个国家的人物》在内容编排上力求符合广大读者，特别是青少年朋友的阅读心理习惯。在创作中，我们按照纪实文学的要求，发挥跨媒体写作优势，在尊重历史、尊重事实的基础上，融入多种文学创作手法，并从浩如烟海的历史图片中筛选出有价值的摄影佳作穿插其中，做到图文并茂，从而实现了故事生动感人、形象传神动人的"感动"效应，使本书既有思想价值，更具史料价值和文学艺术价值，为广大读者所喜闻乐见。

　　本书的编辑出版过程可称为一次"感动"之旅，是一次崇高的精神品味和精神传递。无论作者、编辑，还是审阅书稿的领导、专家，都时时被书中主人公的事迹所感动，这种感动也升华为一种工作精神。

　　我们的时代需要感动，"感动"是建设精神家园的巨大力量。本书的出版是对社会主义核心价值观形象而真实的诠释，更重要的是她可以引领广大读者，尤其是青少年读者踏着英雄模范人物的足迹去追求，去奋进。

　　愿感动与社会同行。

新华社电视节目中心
2011 年 3 月